HÄDECKE

Marianna Buser

Brot und Brötchen selber backen

mit Rezepten für den Brotbackautomaten

Dank

Ich danke allen Bio-VollkornbäckerInnen der Schweiz, die mich auf den guten Brotgeschmack gebracht haben; meinen treuen Freunden und Helfern Claudia Gorbach, Othmar Herde und Christoph Stadelmann; dem Bäcker Anselm Bächler, der mich mit dem Bäckeralltag vertraut gemacht hat; dem Bäcker Martin Hirsiger, der mir die Wichtigkeit der Teigruhe erklärte und mir Tipps zum Backen im elektrischen Backofen gegeben hat; Herrn Röthlisberger von der Weizen- und Roggenmühle Flamatt, der mir die Müllerei-Technik verständlich gemacht hat, und nicht zuletzt den Familien Huwiler und Schorri, bei denen ich probebacken durfte, wenn die Kapazität meines Backofens nicht ausgereicht hat.

Lizenzausgabe für Walter Hädecke Verlag
D-71263 Weil der Stadt
www.haedecke-verlag.de

Zweite Auflage 2009

Verantwortlich für das Lektorat: Léonie Haefeli-Schmid
Gestaltung Umschlag: Julia Graff, Design & Produktion, Düsseldorf
Gestaltung Inhalt: Andrea Heimgartner, Zürich
Foodfotos und Steps: Foodline.de GbR, Bad Wörishofen
Aufmacher: Andreas Thumm, Freiburg i. Br.;
Patrick Zemp, Rothenburg (Seite 82)
Bildbearbeitung: Repro Schicker, Baar
Druck: Kösel, Altusried-Krugzell

ISBN 978-3-7750-0491-6

Inhalt

Abkürzungen

EL = gestrichener Esslöffel
TL = gestrichener Teelöffel
dl = Deziliter
ml = Milliliter
l = Liter
g = Gramm
kg = Kilogramm
Msp = Messerspitze

Einführung

Der gesundheitliche Wert des Getreides

Das Korn verliert durch die Ausmahlung der Randschicht und des Keimes ganz wesentlich an wertvollen Inhaltsstoffen. Dank hochentwickelter Müllereitechnik kann das Weißmehl zu Tiefstpreisen gekauft werden, ein Nachteil für unsere Gesundheit. Je mehr raffinierte Nahrungsmittel wir essen, und dazu zählt auch das Getreide, desto anfälliger werden wir für Zivilisationskrankheiten: Arthritis, Arthrose, Bandscheibenschäden, Rheuma, Zuckerkrankheit, Übergewicht, Arteriosklerose, Thrombose, Herzinfarkt usw. nehmen in erschreckendem Maß zu. Das Vollkornbrot in der täglichen Ernährung steigert nicht nur unser Wohlbefinden, es stärkt auch unsere Gesundheit. Und wenn wir Vollkornbrot essen, dann sollte es aus unbehandeltem Getreide sein.

Weizenvollkornmehl und Weizenweißmehl im Vergleich

Inhaltsstoffe	**Vollkornmehl** [Milligramm/100 g]	**Weißmehl** [Milligramm/100 g]	**Verlust** [in %]
Vitamin B_1	0,50	0,05	90
Vitamin B_2	0,14	0,03	79
Niacin	5,00	0,70	86
Vitamin B_6	0,45	0,18	60
Folsäure	0,05	0,01	80
Provitamin A	0,23	0,06	74
Vitamin E	3,20	2,30	28
Natrium	8,00	2,00	75
Kalzium	45,00	15,00	67
Eisen	3,50	2,00	43
Mangan	2,50	0,75	70
Kupfer	0,75	0,40	47

Mehltypen

Ein Weißmehl (Type 405)
enthält nur noch den Mehlkörper; der wertvolle Keim und alle Schalenteile gehen in die Tiernahrung.

Ein Ruch-/Graumehl (Type 1050)
enthält den ganzen Mehlkörper und Teile der Schale; der wertvolle Keim und ein Teil der Schale gehen in die Tiernahrung.

Ein Vollkornmehl
enthält den ganzen Mehlkörper und alle Schalenteile; der wertvolle Keim geht in die Tiernahrung.

Mancherorts werden die Körner für Vollkornmehl auf Metallschlagmühlen oder herkömmlichen Steinmühlen separat gemahlen; das Resultat ist echtes Vollkornmehl inklusive des vitalstoffreichen Keimes.

Die Getreidesorten und ihre Backeigenschaften

Getreideart	Backeigenschaften	Teiglockerung	Eigenschaften
Weizen	sehr gut	Hefe, Sauerteig, Backferment, Backpulver	das Weltgetreide und Brotgetreide schlechthin
Dinkel, ein Vorfahre des Weizens	gut	Hefe, Sauerteig, Backferment, Backpulver	geformtes Brot; läuft etwas breit
Grünkern, in der Milchreife geernteter und gedarrter Dinkel	mittel	Hefe, Sauerteig, Backferment	maximal 50 % Grünkernmehl in Verbindung mit Weizenmehl; aromatisch
Emmer, Zweikorn, gehört zur Weizengattung	mittel	Hefe, Sauerteig, Backferment	maximal 50 % Emmermehl in Verbindung mit Weizenmehl; süßlich-aromatisch
Roggen	sehr gut	Sauerteig, Backferment	für besonders herzhaftes Brot; gute Lagerfähigkeit
Hirse	schlecht	Hefe, Sauerteig, Backferment, Backpulver	maximal 33 % Hirsemehl in Verbindung mit Weizen- oder Dinkelmehl
Hafer	schlecht	Hefe, Sauerteig, Backferment, Backpulver	maximal 33 % Hafermehl in Verbindung mit Weizen- oder Dinkelmehl; nussig
Gerste	schlecht	Hefe, Sauerteig, Backferment, Backpulver	maximal 33 % Gerstenmehl in Verbindung mit Weizen- oder Dinkelmehl
Reis	schlecht	Hefe, Sauerteig, Backferment, Backpulver	maximal 33 % Reismehl in Verbindung mit Weizen- oder Dinkelmehl; knuspriges Gebäck
Mais	schlecht	Hefe, Sauerteig, Backferment, Backpulver	maximal 33 % Maismehl in Verbindung mit Weizen- oder Dinkelmehl; knuspriges Gebäck
Buchweizen (Knöterichgewächs)	schlecht	Hefe, Sauerteig, Backferment, Backpulver	maximal 33 % Buchweizenmehl in Verbindung mit Weizen- oder Dinkelmehl; intensiver Eigengeschmack
Quinoa	schlecht	Hefe, Sauerteig, Backferment, Backpulver	maximal 33 % Quinoamehl in Verbindung mit Weizen- oder Dinkelmehl
Amaranth (Fuchsschwanzgewächs)	schlecht	Hefe, Sauerteig, Backferment, Backpulver	maximal 33 % Amaranthmehl in Verbindung mit Weizen- oder Dinkelmehl

Backzutaten

Hefe

Im Jahre 1857 entdeckte der Franzose Louis Pasteur mit Hilfe des Mikroskops, dass die Hefe aus lebendigen Zellen besteht. Damit war geklärt, wer Weinkelterern, Bierbrauern und Brotbäckern während Jahrhunderten bei der Arbeit geholfen hatte: eine kleine Zelle namens Hefe.

Frischhefe

Die Hefe ist ein Sprosspilz, der sich bei idealen Bedingungen vermehren kann. Er braucht dazu Zucker und Stärke als Nahrung, ferner Wärme, Flüssigkeit, Luft und Zeit. Bei diesem Prozess werden Zucker und Stärke in Alkohol und Kohlendioxid (Gasbläschen) gespalten. Das lockert den Teig und macht ihn schmackhafter. Zu große Hitze (über 40 °C) und direkte Berührung mit Fett und Salz während der Teigzubereitung können die Hefepilze zerstören.

Tiefgefrorene Hefe

Aufgetaute Hefe arbeitet langsamer als Frischhefe. Ein Teig braucht zum Aufgehen etwa ein Drittel länger als ein Hefeteig aus Frischhefe.

Trockenhefe

Wird durch Gefriertrocknen aus Frischhefe hergestellt. Häufig wird die Hefe mit einem Emulgator angereichert.

Hefemenge

- ein Brotteig aus 500 g Weizenvollkornmehl benötigt 15 g Frischhefe
- ein Brotteig aus 500 g Weizenvollkornmehl mit Nüssen/Samen benötigt 20 g Frischhefe
- ein Brotteig aus 500 g Weizenvollkornmehl mit Butter benötigt 35 g Frischhefe.
- ein Brotteig aus 500 g Weizenweißmehl benötigt 10 g Frischhefe

Die Hefe kann bei 500 g Weizenvollkornmehl bis auf 3 g reduziert werden. Die Vermehrung der Hefezellen dauert dann aber länger, 8 bis 10 Stunden. Das Brot bekommt einen intensiven Eigengeschmack und bleibt länger frisch. Je weniger Hefe, desto leichter verdaulich ist das Brot.

Flüssigkeit

Je nach Teigart werden Wasser, Milch, Buttermilch, Jogurt, Quark, Kefir, Bier, manchmal auch Öl verwendet. Bei Vollkornmehl kann die Flüssigkeitsmenge stark variieren.

Sauerteig

Sauerteig ist ein vorzügliches Teiglockerungsmittel. Es handelt sich dabei um einen sauer gewordenen, gegorenen Brei aus Mehl und Wasser. Wir kennen das ungewollte «Sauerwerden» aus dem Haushalt, wenn Lebensmittel durch falsche Lagerung oder durch zu langes Aufbewahren zu gären beginnen. Beim Sauerteig ist diese Gärung gewollt; dafür verantwortlich sind Hefepilzsporen und Milchsäurebakterien aus der Luft.

Die Teiglockerung mit Sauerteig eignet sich vor allem für schweren Teig aus Roggenvollkornmehl. Im Sauerteig kommt es zu einer Symbiose (Verbindung) von Milch- und Essigsäurebakterien sowie Hefepilzen. Die Milch- und Essigsäure fördern die Arbeit des Klebers (Getreideeiweiß) im Teig. Sie regen ebenfalls die Hefe an, entwickeln den angenehmen säuerlichen Geschmack und verhindern während der langen Teigführung über mehrere Stufen die Entwicklung von unerwünschten Bakterien. Die Hefepilze sind für die alkoholische Gärung und die Teiglockerung verantwortlich.

Sauerteig aus dem Beutel

Im Handel ist auch getrockneter und flüssiger Sauerteig erhältlich. Meist wird er in Kombination mit frischer Hefe als Teiglockerungsmittel verwendet.

Sauerteig, künstlicher

In Bäckereien wird leider oft kein natürlicher Sauerteig mehr verwendet. Der Bäcker arbeitet mit einem Sauerteigkonzentrat bestehend aus Sauerteig, Genusssäuren, quellfördernden Stoffen, geschmacksbildenden Zutaten und Frischhaltemittel über 1 bis 2 Stufen.

Nüsse, Kerne und Samen, Kräuter und Gewürze

Nüsse und Kerne

Sie werden erst nach dem Kneten in den Teig eingearbeitet, weil er sich so besser kneten lässt. Nuss- und Kernbrote sind äußerst aromatisch und energiestoffreich.

Leinsamen

Halten ein Brot länger frisch. Wichtig ist jedoch, dass Leinsamen 8 bis 10 Stunden in Wasser eingeweicht werden, sonst entziehen sie dem Brot Feuchtigkeit und trocknen es aus.

Kräuter und Gewürze

Mit den übrigen Zutaten in die Teigschüssel geben. Aus jedem gewöhnlichen Brot wird ein «Sonntagsbrot». Anis, Fenchel, Kümmel, Koriander usw. sind verdauungsfördernd, unterstützen den Eigengeschmack des Gebäcks und halten ein Brot länger frisch.

Brot-Abc

A

Anfrischsauer
Sauerteigkultur (Starter) aus Roggen- oder Weizenmehl und Wasser, welche unter Einfluss von Luft und Wärme zu gären beginnt. Teiglockerungsmittel.

Anstellgut
Seite 24

Aufbewahren
Am besten legt man das Brot in einen Ton- oder Keramiktopf mit Löchern. Gut eignet sich zudem ein Brotkasten aus Holz. Im Kunststoffbeutel oder -gefäß kann das Brot nicht atmen, es wird gummigartig und neigt zu Schimmelbildung.

Aufgehen
Weil das Brot durch das Formen Volumen verliert, braucht es noch einmal eine gewisse Zeit zum Aufgehen. Während dieser Ruhepause können sich die typischen Geruchs- und Geschmacksstoffe optimal entfalten und der Brotboden reißt während des Backens nicht willkürlich auf.

Aufgehen, ungenügend
Die Hefe wurde mit zu warmem Wasser (über 40 °C) angerührt, was zur Zerstörung der Hefebakterien geführt hat. Maßnahme: Nochmals Hefe mit Wasser und Honig anrühren und mit etwas Mehl in den Teig einarbeiten. Den Teig erneut aufgehen lassen. Anderer Grund: Der Brotteig enthält mehr als ⅓ Mehl mit schlechter Kleberqualität (Hirse, Gerste, Quinoa usw.), was zur Folge hat, dass die Hefe ihre Kraft nicht voll entfalten kann und der Teig dadurch zu wenig gelockert wird. Maßnahme: Zum Brotteig mehr Weizenvollkornmehl und etwas mehr Wasser geben. Teig nochmals kneten und erneut gehen lassen.

Backkörbchen
Geflochtenes Körbchen aus Weide oder Peddigrohr. Das Brot bekommt eine schöne Struktur. Der Teig wird vor dem Backen ins Körbchen gedrückt, 10 Minuten darin belassen, anschließend auf ein Backblech gestürzt. Backkörbchen (längliche und runde) sind im Bio- und Naturkostladen, im Reformhaus und in der Reformbäckerei sowie auf lokalen Märkten erhältlich.

Backpulver, phosphatfrei
Enthält anstelle von Phosphat natürliche Weinsteinsäure und Natriumbicarbonat als Triebmittel.

Brot, krümelig
Der Brotteig war zu trocken oder die Teigruhe zu kurz.

Brotfarbe
Selbst ein intensiv braunes (dunkles) Brot muss nicht vollwertig sein. Häufig besteht es aus einem großen Anteil an raffiniertem Mehl (Weißmehl) und bekommt sein «gesundes Aussehen» durch Beimischung von Rübenzucker oder Malzextrakt.

Brotporen
Ein gut geknetetes und gut aufgegangenes Brot hat regelmäßige Poren. Beim Sauerteig sind sie kleiner als beim Hefeteig.

C

Chemie im Brot
Das Brot aus der Bäckerei besteht nicht nur aus Mehl, Salz, Wasser und Hefe. Das Mehl des Bäckers enthält oft Teigführungsmittel, künstliche Vitamine, Kleberfestiger, Trennmittel, Stabilisatoren, Säuerungsmittel, Geschmacksverstärker und Konservierungsstoffe.

E

Energiesparen
Brot braucht zu Beginn des Backprozesses eine hohe Temperatur, d. h. viel Energie. Der Energieverbrauch kann optimiert werden, wenn

- mehrere Brote miteinander gebacken werden; aber nur eine Lage;
- vor dem Brotbacken ein Gratin oder ein Früchtekuchen gebacken wird.

F

Fäden im Brot (Brotkrankheit)
Während der Sommermonate können sich im Hefebrot Fäden bilden. Der Erreger der Krankheit ist das Kartoffelbakterium oder Bacillus mesentericus, das über die Erde in das Getreide gelangt. Mit der Sauerteigführung oder etwas Essig im Hefeteig kann dem vorgebeugt werden.

G

Gare

Als Gare wird die Zeit des Teigaufgehens oder die Teigruhe bezeichnet. Stockgare ist die Zeit des Aufgehens bis zum Formen. Unter Stückgare versteht man das Aufgehen des geformten Teiges bis zum Backen.

Getreidemühle

Wenn man regelmäßig Brot bäckt oder frisches Getreideschrot oder Mehl zum Kochen braucht, lohnt es sich, eine elektrische Getreidemühle anzuschaffen. Wenn der Bedarf an frischem Mehl oder Schrot klein ist, genügt eine handbetriebene Mühle. Oder man kauft frisch gemahlenes Mehl im Naturkost- oder Bioladen.

Getreidemühle, Kauf

Beim Kauf einer Getreidemühle sollte das Design nicht im Vordergrund stehen. Folgende Punkte sind zu beachten:

- leistungsfähiger, robuster Motor
- stabile, einfache Mahlregulierung
- leichte Reinigung; die Mühle sollte problemlos auseinandergenommen werden können, wenn Mehl oder Getreidekörner die Mahlsteine blockieren.
- feinste und gröbste Mahlstufe
- Lautstärke des Mahlwerkes

H

Hefe, Seite 12

Hefe-Vorteig

Die Hefemenge kann reduziert werden, das Teigkneten braucht weniger Muskelkraft, das Klebereiweiß kann besser quellen, der Teig geht regelmäßiger auf, das Brot wird aromatischer und bleibt länger frisch.

K

Kneten

Gut Ding will Weile haben, auch beim Teigkneten. Durch das Kneten wird das Klebereiweiß angeregt und der Teig wird geschmeidig. Das Resultat kann sich sehen lassen: Das Brot geht regelmäßig auf, die Brotporen sind gleichmäßig, das Brot krümelt weniger und lässt sich gut schneiden.

Knetmaschine

Wenn man oft Brot bäckt, lohnt es sich, eine Küchenmaschine mit Rührwerk (Teigknetmaschine) anzuschaffen.

Kohlensäure

Dank den Lockerungsmitteln (zum Beispiel Hefe und Sauerteig) wird der Teig mit Kohlensäure angereichert. Bei hoher Backtemperatur bildet das Brot rasch eine Kruste; die Kohlensäurebläschen bleiben im Brot eingeschlossen. Das gebackene Brot kann regelmäßige kleinere oder größere Poren haben.

Kruska

Besonders kräftige Getreidemischung aus Weizen, Roggen, Gerste und Hafer. Kruska ist im Bio- und Naturkostladen sowie im Reformhaus erhältlich.

Kruste, glänzend

- Intensiver Glanz: 1 Eigelb, 1 EL Wasser und 2–3 Tropfen Sonnenblumen- oder Olivenöl gut verrühren; das Gebäck vor dem Backen einpinseln.
- Schöner Glanz und intensive Bräune: 1 Eigelb, 1 EL Milch, 2 Prisen Vollrohrzucker und 1 Prise Salz gut verrühren; das Gebäck vor dem Backen einpinseln.
- Sanfter Glanz: zu gleichen Teilen Wasser und Milch mischen und das Gebäck nach dem Backen einpinseln.
- Starker Glanz und intensive Bräune: das Gebäck nach dem Backen mit Rahm/Sahne einpinseln.

L

Lagerung, Mehl

Vollkornmehl läßt sich im Gegensatz zu Weiß- oder Grau-/Ruchmehl nur kurze Zeit lagern. Durch den Kontakt mit Sauerstoff oxidieren die Fette; zudem werden Vitamine und Fermente innerhalb von 5 bis 6 Wochen stark abgebaut.

M

Mangel an Vitamin B_1

Dieses Vitamin ist für den Kohlenhydrat-Stoffwechsel von zentraler Bedeutung. Kein anderes Lebensmittel enthält soviel Vitamin B_1 wie der Getreidekeimling. Die Weltgesundheitsorganisation empfiehlt, täglich 1,5 mg Vitamin B_1 zu nehmen; im Durchschnitt nehmen wir aber nur 0,8 mg. Vor hundert Jahren waren es noch 5 mg. Ohne den Konsum von Vollgetreide kann der Tagesbedarf nicht gedeckt werden.

N

Natron (Natrium)

Hauptsächlich im Backpulver enthalten. Ist auch ein Zwischenprodukt bei der Sodaherstellung. Salzbrezeln werden vor dem Backen in Natronlauge getaucht.

O

Ofen, Holz-

Heute wird das Brot in Etagen- oder Netzband-Backöfen gebacken. Bauern- oder Landbrote, die noch im Holzofen gebacken werden, sind Seltenheit. Auch Brot aus einem indirekt mit Holz geheizten Ofen wird als Holzofenbrot verkauft. Brot aus dem herkömmlichen Holzofen (auf Schamottesteinen) hat ein wunderbares Aroma.

Q

Quellzeit

Damit ist die Zeit gemeint, bis ein hartes Korn genügend Wasser aufgenommen hat, damit wir es gut kauen und verdauen können. Das Getreideschrot 2 bis 3 Stunden im Wasser quellen lassen, Getreidekörner 10 bis 12 Stunden. Leinsamen 8 bis 10 Stunden in Wasser einlegen; die kleinen Samen nehmen sehr viel Wasser auf; dadurch bleibt das Brot lange frisch.

R

Risse

In der Brotkruste des Sauerteigbrotes sind Risse gern gesehen; dieser Teig hat gut getrieben. Ungewollte Risse an der Oberfläche eines Butterzopfes: Teig länger kneten und Teigrollen sorgfältiger drehen, geformtes Brot länger aufgehen lassen. Ungewollte Risse in der Brotkruste eines Brotes aus Hefeteig: Teig länger kneten und die Teigoberfläche einschneiden.

S

Schimmelpilz

Kann in den Sommermonaten oder bei hoher Luftfeuchtigkeit und Wärme im Brot entstehen. Brot nicht mehr essen.

T

Teig, zu trocken und zu fest

Brotteig flach drücken und etwas Wasser auf die Oberfläche gießen. Die Flüssigkeit mit nassen Händen einarbeiten. Eventuell braucht es noch etwas Mehl und zusätzliche Flüssigkeit. Teig so lange bearbeiten, bis er leicht feucht und weich ist.

Teig, zu nass
Mit nassen Händen etwas Mehl einarbeiten und weiterkneten, bis der Teig leicht feucht, aber immer noch weich ist.

Temperatur
Luft- und Teigtemperatur dürfen beim Kneten 28 °C nicht übersteigen, sonst wird der Teig klebrig und nimmt zu wenig Wasser auf.

V

Vollkornbrot
Muss in der Schweiz 98 bis 100 % und in Deutschland 90 % Vollkornmehl enthalten.

W

Wasser
Für die meisten Brotteige wird Wasser verwendet. Bei Vollkornmehl braucht es durchschnittlich einen Drittel mehr Wasser als bei ausgemahlenem Mehl. Der Vollkornteig muss feucht und leicht klebend sein, damit die im Mehl enthaltenen Schalenteile (Kleie) während der Gare quellen können. Die Erfahrung zeigt, dass gekauftes Vollkornmehl – meist ist der Keimling entfernt und das Mehl etwas feiner gemahlen – etwa 10 Prozent mehr Wasser aufnimmt als in einer Haushaltmühle gemahlenes Vollkornmehl. Ein Getreidekorn enthält einmal etwas mehr, einmal etwas weniger Feuchtigkeit.

Wasserdampf
Er lässt das Brot besser aufgehen, weil sich die Krustenbildung verzögert. Wer über einen Backofen mit automatischer Wassereinspritzung verfügt, sollte diese technische Einrichtung nutzen. Wenn nicht, kann eine mit Wasser gefüllte feuerfeste Schale auf das Backblech gestellt werden.

Z

Zöliakie
Zöliakie ist eine Erkrankung der Darmzotten, die auf eine Gluten-Unverträglichkeit (Eiweiß in Weizen, Dinkel, Roggen, Gerste und Hafer) zurückzuführen ist.

Zuckerrübensirup
Der Saft eingekochter Zuckerrüben wird zu dickflüssigem Sirup eingedickt. Zuckerrübensirup wird zur Vermehrung der Hefepilze im Brotteig oder als Brotaufstrich verwendet. Er ist von sehr dunkler Farbe und wird manchmal zum Färben heller Mehle verwendet. Zuckerrübensirup ist im Bio- und Naturkostladen sowie im Reformhaus erhältlich.

Der Brotbackautomat

Viele Backrezepte in diesem Buch eignen sich auch für den Brotbackautomaten. Der große Vorteil ist, dass der Automat alle Teigvorbereitungen wie Kneten, Gehenlassen, Weiterverarbeiten, erneute Ruhezeiten usw. übernimmt. Und das Brot wird gebacken, ohne dass der Vorgang überwacht werden muss. Dank Zeitvorwahl kann der Automat am Abend programmiert werden … und am Morgen wird man vom frischen Brotduft geweckt!

Die Rezepte in diesem Buch wurden mit dem Backautomaten von Panasonic, Modell SD-200, getestet und wo nötig geändert und ergänzt. Selbstverständlich kann auch jeder andere Backautomat unter Beachtung der jeweiligen Gebrauchsanweisung benutzt werden.

Grundsätzlich eignen sich alle Rezepte für den Brotbackautomaten, die insgesamt nicht mehr als 100 g Schrot, ganze Körner, Nüsse, oder Käse enthalten, bei einer Gesamtmehlmenge von 500 g. Andernfalls geht der Teig nicht optimal auf, und – was schlimmer wäre – die Knetvorrichtung des Backautomaten könnte überlastet werden.

Reine Vollkornbrote gelingen im konventionellen Backofen besser, weil sie im Backautomaten die Knetvorrichtung stark belasten können und der Teig nicht so schön aufgeht. Wenn ein Vollkornbrot im Automaten zu kompakt geworden ist, kann man es beim nächsten Mal durch Zugabe eines Mehles mit niedrigerem Ausmahlungsgrad «erleichtern» – jedoch auf Kosten von wertvollen Nähr- und Ballaststoffen.

Sie finden bei denjenigen Rezepten, die für den Brotbackautomaten geeignet sind, jeweils einen Info-Kasten mit dem entsprechenden Programm und – wenn nötig – Änderungen bezüglich Menge der Zutaten.

Hefe

Grundsätzlich wurde frische Hefe durch Trockenhefe ersetzt. Frische Hefe verträgt sich nicht mit Salz, das gleichzeitig mit anderen Zutaten in den Automaten gegeben werden muss. Für die entsprechende Menge Trockenhefe muss umgerechnet werden. Ein Päckchen Trockenhefe entspricht etwa 25 g frischer Hefe. Es gibt aber je nach Marke große Unterschiede: Anleitung auf der Verpackung lesen.

Anstellgut

Anstelle des Anstellgutes haben wir flüssigen Natursauerteig und Sauerteig-Extrakt verwendet.

Schrot, Früchte, Rosinen

Wenn ein Rezept Schrot, Früchte u. a. enthält, wird dies wie beschrieben vorbereitet, also beispielsweise eingeweicht oder gekocht, mit oder ohne Einweichwasser. Das eingeweichte Schrot wird dann gleich zu den anderen Zutaten gegeben. Trockene oder frische Früchte und auch Käse werden mit dem Programm «Rosinen» verarbeitet, welche erst beim Ertönen des Signaltons, etwa 1 Stunde nach Start, zugegeben werden. Bei diesem achtfachen Signalton stoppt das Gerät für eine Minute, arbeitet dann aber weiter, auch wenn die Zugabe nicht erfolgt ist.

Die Zugabe der Zutaten

Zuerst kommt die Trockenhefe in den Automaten, dann der Honig, das Mehl/die Mehlmischung, sonstige Zutaten und zuletzt die Flüssigkeit. Was ein Brotbackautomat nicht kann, ist das Brot verzieren. Diese Zutat muss also weggelassen werden.

Zum Gerät

Und noch etwas zum Schluss: Die Bedienungsanleitung der Geräte sind normalerweise sehr ausführlich, aber manches wird gern überlesen oder in der Back-Euphorie vergessen. Der Backautomat braucht zwischen den verschiedenen Backvorgängen zum Auskühlen eine Pause von mindestens einer Stunde.

15 g Frischhefe
1 TL Honig
1 dl/100 ml Wasser
300 g Weizenvollkornmehl
100 g Dinkelvollkornmehl
1½ TL Salz
1 EL weiche Butter
1½ dl/150 ml Wasser

Hefeteig – Hausbrot

Grundrezpet

1

Die Hefe mit dem Honig und dem Wasser verrühren.

2

Weizen- und Dinkelmehl in einer Schüssel mischen und eine Vertiefung formen. Hefeflüssigkeit in die Vertiefung gießen, einen halben Esslöffel Mehl unter die Flüssigkeit rühren. Schüssel mit einem feuchten Tuch bedecken, den Vorteig an einem warmen Ort 15 Minuten gehen lassen (Bild 2).

3

Das Salz unter den Vorteig rühren, die Butter und das Wasser zugeben, alles zusammenfügen. Teig auf der Arbeitsfläche 10 Minuten von Hand oder 5 Minuten in der Teigknetmaschine kneten. Schüssel mit einem feuchten Tuch bedecken, den Teig an einem warmen Ort auf das doppelte Volumen aufgehen lassen (Bilder 3, 4 und 5).

4

Den Backofen auf 250 °C vorheizen.

5

Den Teig zu einer Rolle von etwa 30 cm Länge formen, auf das eingefettete Blech legen. Nochmals 10 Minuten gehen lassen. Für die Verzierung die Teigrolle 4 Mal schräg einschneiden.

6

Das Hausbrot auf mittlerer Schiene in den Ofen schieben, zuerst 10 Minuten bei 250 °C, dann 40 Minuten bei 180 °C backen (Bild 6).

1

2

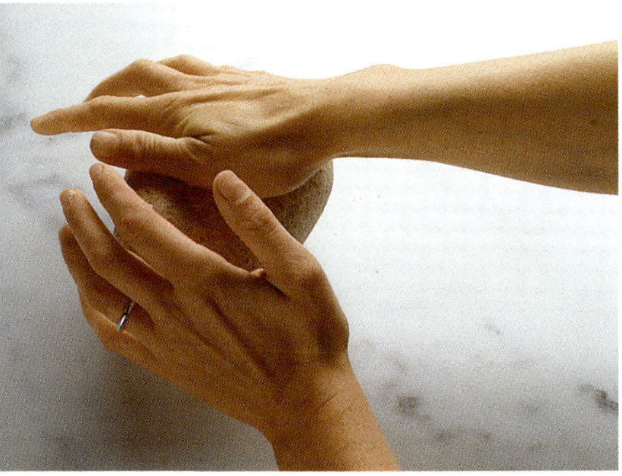

3

4

5

6

Anstellgut
je 50 g Roggen- und Weizenvollkornmehl
100 g Roggenschrot
1 Prise gemahlener Kümmel
2½ dl/250 ml Wasser

Roggensauerteigbrot
1 Rezeptmenge Anstellgut
500 g Roggenvollkornmehl
6 dl/600 ml Wasser
500 g Roggenvollkornmehl
½ TL gemahlener Kümmel, 1 EL Salz
2–2½ dl/200–300 ml Wasser
3 EL Weizen- oder Roggenvollkornmehl

Roggensauerteigbrot

1
Für das Anstellgut Roggen- und Weizenmehl sowie Roggenschrot in einer Schüssel mischen. Kümmel und Wasser zugeben, zu einem Brei rühren (Bilder 1 und 2). Brei an einem warmen Ort etwa 3 Tage stehen lassen, bis sich deutlich Bläschen gebildet haben und der Brei säuerlich riecht (Bild 3). Aus Mehl und Wasser ist das «Anstellgut» entstanden, das als Lockerungsmittel für den Brotteig verwendet wird. Das Anstellgut kann in einem Glas mit Schraubverschluss im Kühlschrank bis zu 6 Monaten aufbewahrt werden. Es hat jedoch die beste Triebkraft, wenn es alle 1 bis 3 Wochen für die Sauerteigherstellung eingesetzt und immer wieder von neuem mit Mehl, Wasser und Luft in Kontakt kommt. Wenn das Anstellgut weniger häufig gebraucht wird, geht es länger, bis sich der Grundsauer gebildet hat, statt 10 möglicherweise 15 Stunden.

2
Für das Roggensauerteigbrot Anstellgut, Roggenmehl und Wasser in einer Schüssel glattrühren (Bilder 1 und 2). Die Schüssel mit einem feuchten Tuch bedecken, über Nacht (10 bis 12 Stunden) an einem warmen Ort stehen lassen (Bild 3). Vom Grundsauer 450 g Teig entnehmen, in einem verschließbaren Glas im Kühlschrank für weitere Sauerteigbrote als Anstellgut aufbewahren (Bild 4).

3
Roggenmehl, Kümmel, Salz und Wasser mit dem Grundsauer gut vermengen (Bild 5). Schüssel mit einem feuchten Tuch bedecken, Teig an einem warmen Ort 1 bis 2 Stunden gehen lassen (Bild 6). Vollsauerteig etwas bemehlen und eine Kugel formen, 10 Minuten stehen lassen. Nochmals formen. Kugel auf ein eingefettetes Blech legen, 20 bis 35 Minuten gehen lassen.

4
Backofen auf 250 °C vorheizen. Roggensauerteigbrot auf mittlerer Schiene in den Ofen schieben, zuerst 10 Minuten bei 250 °C, dann 70 Minuten bei 180 °C backen.

1

2

3

4

5

6

Brot aus echtem Schrot und Korn

Brotbackautomat
Typ/Programm: Mehrkorn/Brot
Zutaten: 3,3 dl/330 ml Wasser
(anstatt 3,7 dl/370 ml)

für eine Cake-/Kastenform
von 20–23 cm Länge

5 EL Weizenkörner
2 dl/200 ml Wasser
15 g Frischhefe
1 TL Honig
1 dl/100 ml Wasser
500 g Weizenvollkornmehl
1½ TL Salz
2,7 dl/270 ml Wasser
2 EL Weizenschrot oder Weizenmehl

Weizenbrot

1
Die Weizenkörner über Nacht im Wasser einweichen.

2
Die Hefe mit dem Honig und dem Wasser verrühren.

3
Das Mehl in eine Schüssel geben und eine Vertiefung formen. Hefeflüssigkeit in die Vertiefung gießen, einen Teelöffel Mehl unterrühren. Die Schüssel mit einem feuchten Tuch bedecken, Vorteig an einem warmen Ort 15 Minuten gehen lassen.

4
Das Salz unter den Vorteig rühren, das Wasser zugeben, zusammenfügen. Teig auf der Arbeitsfläche 10 Minuten von Hand oder 4 bis 5 Minuten in der Teigknetmaschine kneten.

5
Weizenkörner abgießen und in den Teig kneten. Die Schüssel mit einem feuchten Tuch bedecken, den Teig an einem warmen Ort auf das doppelte Volumen aufgehen lassen.

6
Den Backofen auf 250 °C vorheizen.

7
Die Cakeform einfetten und bemehlen. Den Teig zu einer Rolle formen und in die Form legen. Nochmals 10 Minuten gehen lassen.

8
Das Weizenbrot auf mittlerer Schiene in den Ofen schieben, zuerst 10 Minuten bei 250 °C, dann 40 Minuten bei 180 °C backen. Das Brot aus der Form nehmen und nochmals 10 Minuten bei 180 °C backen.

links Weizenbrot, nebenstehend **Mitte vorn** Hirsebrot, Seite 30 **rechts** Reisbrot, Seite 31

Brotbackautomat
Typ/Programm: Mehrkorn/Brot;
Zutaten: Die Einweichflüssigkeit der Hirse ebenfalls verwenden. Dafür nur 2 dl/200 ml Wasser (anstatt 3,4 dl/340 ml) nehmen.

für eine Cake-/Kastenform
von 17–23 cm Länge

6 EL Hirsekörner, über Nacht in
1 dl/100 ml Wasser eingeweicht
15 g Frischhefe
1 TL Honig
1 dl/100 ml Wasser
400 g Weizenvollkornmehl
100 g Hirsemehl
1½ TL Salz
1 Msp Safranpulver
2,4 dl/240 ml Wasser
2 EL Rahm/Sahne

Abbildung Seite 29

Hirsebrot

1
Die Hefe mit dem Honig und dem Wasser verrühren.

2
Weizen- und Hirsemehl in einer Schüssel mischen, eine Vertiefung formen. Die Hefeflüssigkeit in die Vertiefung gießen, einen Esslöffel Mehl unterrühren. Die Schüssel mit einem feuchten Tuch bedecken, den Vorteig an einem warmen Ort 15 Minuten gehen lassen.

3
Das Salz und das Safranpulver unter den Vorteig rühren, das Wasser zugeben, zusammenfügen. Den Teig auf der Arbeitsfläche 10 Minuten von Hand oder 4 bis 5 Minuten in der Teigknetmaschine kneten. Der Teig muss weich sein.

4
Hirsekörner abgießen, in den Teig kneten. Die Schüssel mit einem feuchten Tuch bedecken, den Teig an einem warmen Ort auf das doppelte Volumen aufgehen lassen.

5
Den Backofen auf 250 °C vorheizen.

6
Die Cakeform einfetten, eventuell Mehl einstreuen. Den Teig zu einer Rolle formen, in die Form legen. Nochmals 10 bis 15 Minuten gehen lassen.

7
Das Hirsebrot auf mittlerer Schiene in den Ofen schieben, zuerst 10 Minuten bei 250 °C, dann 40 Minuten bei 180 °C backen. Das Brot aus der Form nehmen, nochmals 10 Minuten bei 180 °C backen. Das noch heiße Brot mit Rahm bepinseln.

Brotbackautomat
Typ/Programm: Vollwert/Brot
Zubereitung: die Reiskörner in der Brotrinde werden sehr knusprig. Eventuell auf das Rösten verzichten.

für eine Cake-/Kastenform
von 17–23 cm Länge

100 g Vollkornreis/Naturreis
2 dl/200 ml Wasser
1 dl/100 ml Wasser
15 g Frischhefe
1 TL Honig
400 g Weizenvollkornmehl
1½ TL Salz
2 dl/200 ml Wasser

Abbildung Seite 29

Reisbrot

1
Reis in einer Pfanne kurz trocken rösten. Das Wasser angießen, aufkochen, Reis bei schwacher Hitze etwa 20 Minuten zugedeckt kochen, auf der ausgeschalteten Wärmequelle 5 Minuten zugedeckt ausquellen lassen.

2
Die Hefe mit dem Honig und dem Wasser verrühren.

3
Das Mehl in eine Schüssel geben, eine Vertiefung formen. Die Hefeflüssigkeit in die Vertiefung gießen, einen Esslöffel Mehl unterrühren. Die Schüssel mit einem feuchten Tuch bedecken, den Vorteig an einem warmen Ort 15 Minuten gehen lassen.

4
Das Salz unter den Vorteig rühren, Wasser zugeben, alles zusammenfügen. Den Teig auf der Arbeitsfläche 10 Minuten von Hand oder 4 bis 5 Minuten in der Teigknetmaschine kneten. Der Teig muss weich sein. Den Reis einkneten. Die Schüssel mit einem feuchten Tuch bedecken, den Teig an einem warmen Ort auf das doppelte Volumen aufgehen lassen.

5
Den Backofen auf 250 °C vorheizen.

6
Cakeform einfetten, eventuell wenig Mehl einstreuen. Den Teig zu einer Rolle formen, in die Form legen. Nochmals 10 bis 15 Minuten gehen lassen.

7
Reisbrot auf mittlerer Schiene den Ofen schieben, zuerst 10 Minuten bei 250 °C, 40 Minuten bei 180 °C backen. Aus der Form nehmen, 10 Minuten bei 180 °C backen.

Brotbackautomat
Typ/Programm: Vollwert/Brot

Für eine Cake-/Kastenform
von 20–23 cm Länge

15 g Frischhefe
1 TL Honig
1 dl/100 ml Wasser
400 g Weizenvollkornmehl
100 g Maismehl
1½ TL Salz
½ TL Kurkuma/Gelbwurz
2½ dl/250 ml Wasser
2 EL Maismehl

Maisbrot

1
Die Hefe mit dem Honig und dem Wasser verrühren.
2
Weizen- und Maismehl in einer Schüssel mischen und eine Vertiefung formen. Die Hefeflüssigkeit in die Vertiefung gießen, einen Teelöffel Mehl unterrühren. Die Schüssel mit einem feuchten Tuch bedecken, den Teig an einem warmen Ort 15 Minuten gehen lassen.
3
Das Salz und den Gelbwurz unter den Vorteig rühren, das Wasser zugeben, alles zusammenfügen. Teig auf der Arbeitsfläche 10 Minuten von Hand oder 4 bis 5 Minuten in der Teigknetmaschine kneten. Der Teig muss weich sein. Die Schüssel mit einem feuchten Tuch bedecken, Teig an einem warmen Ort auf das doppelte Volumen aufgehen lassen.
4
Den Backofen auf 250 °C vorheizen.
5
Cakeform einfetten. Den Teig zu einer Rolle formen und im Maismehl drehen. In die Form legen und nochmals 10 bis 15 Minuten gehen lassen.
6
Das Maisbrot auf mittlerer Schiene in den Ofen schieben, zuerst 10 Minuten bei 250 °C, dann 40 Minuten bei 180 °C backen. Aus der Form nehmen, 10 Minuten bei 180 °C backen.

links lockeres Weizensauerteigbrot, Seite 35 **rechts** Maisbrot, nebenstehend

Brotbackautomat
Typ/Programm: Mehrkorn/Brot
Zutaten: Nur 1,8 dl/180 ml Wasser
(anstatt 2 dl/200 ml) nehmen.

für eine Cake-/Kastenform
von 20–23 cm Länge

100 g Roggenschrot
2 dl/200 ml Wasser
15 g Frischhefe
1 TL Honig
1 dl/100 ml Wasser
400 g Weizenvollkornmehl
1½ TL Salz
1 dl/100 ml Wasser

Roggenbrot

1
Roggenschrot über Nacht im Wasser einweichen.

2
Die Hefe mit dem Honig und dem Wasser verrühren.

3
Das Mehl in eine Schüssel geben und eine Vertiefung formen. Hefeflüssigkeit in die Vertiefung gießen, einen Teelöffel Mehl unterrühren. Die Schüssel mit einem feuchten Tuch bedecken, Vorteig an einem warmen Ort 15 Minuten gehen lassen.

4
Das Salz unter den Vorteig rühren. Das Wasser und das eingeweichte Roggenschrot zugeben, zusammenfügen. Den Teig auf der Arbeitsfläche 10 Minuten von Hand oder 4 bis 5 Minuten in der Teigknetmaschine kneten. Der Teig muss weich sein. Schüssel mit einem feuchten Tuch bedecken, Teig an einem warmen Ort auf das doppelte Volumen aufgehen lassen.

5
Den Backofen auf 250 °C vorheizen.

6
Cakeform einfetten. Den Teig zu einer Rolle formen, in die Form legen, 10 bis 15 Minuten gehen lassen.

7
Das Roggenbrot auf mittlerer Schiene in den Ofen schieben, zuerst 10 Minuten bei 250 °C, dann 40 Minuten bei 180 °C backen. Aus der Form nehmen, 10 Minuten bei 180 °C backen.

Brotbackautomat
Typ/Programm: Mehrkorn/Brot
Zutaten: Die Hälfte Weizenvollkornmehl (250 g) durch Weizenweißmehl/Mehltype 405 ersetzen. Für das Anstellgut 3 EL flüssigen Natursauerteig, zusätzlich Trockenhefe entsprechend 10 g Frischhefe und 1 TL Honig nehmen; die restlichen Zutaten bleiben unverändert. Oder sämtliche Zutaten wie folgt anpassen: 500 g Weizenvollkornmehl, Hefemenge wie oben, 1 TL Honig, ca. 1 EL Sauerteig-Extrakt, 1½ TL Salz und 3,2 dl/320 ml Wasser.

Lockeres Weizensauerteigbrot

für eine Cake-/Kastenform
von 20–23 cm Länge

½ Portion Anstellgut, Seite 24
3 dl/300 ml Wasser
250 g Weizenvollkornmehl
1½ TL Salz
1 dl/100 ml Wasser
250 g Weizenvollkornmehl

Abbildung Seite 33

1
Für den Grundsauer Anstellgut (ca. 230 g) mit dem Wasser und dem Mehl in einer Schüssel gut verrühren. Die Schüssel mit einem feuchten Tuch bedecken, Grundsauer über Nacht an einen warmen Ort stellen.

2
Am nächsten Morgen vom Grundsauer ca. 230 g Teig entnehmen, in ein verschließbares Glas füllen und im Kühlschrank als Anstellgut für weitere Sauerteigbrote aufbewahren.

3
Salz, Wasser und Mehl zum Grundsauer geben, von Hand oder mit der Teigkelle gut mischen. Schüssel mit einem feuchten Tuch bedecken, Teig an einem warmen Ort 1 bis 2 Stunden gehen lassen.

4
Den Vollsauerteig in die gut eingefettete und bemehlte Cakeform füllen, 30 bis 45 Minuten gehen lassen.

5
Den Backofen auf 250 °C vorheizen.

6
Weizensauerteigbrot auf mittlerer Schiene in den Ofen einschieben, zuerst 10 Minuten bei 250 °C, dann 50 Minuten bei 180 °C backen. Brot aus der Form nehmen und nochmals 10 bis 15 Minuten bei 180 °C backen.

½ Portion Anstellgut, Seite 24
250 g Weizenvollkornmehl
1½ dl/150 ml Wasser
250 g Emmervollkornmehl
100 g Weizenvollkornmehl
2 dl/200 ml Milch
2 TL Salz
1 TL Honig
1 TL Korianderpulver
1 TL Kardamompulver
2 EL Weizenvollkornmehl

Emmerbrot

1

Für den Grundsauer das Anstellgut (ca. 230 g) mit dem Weizenmehl und dem Wasser verrühren. Schüssel mit einem feuchten Tuch bedecken, den Grundsauer über Nacht an einen warmen Ort stellen.

2

Am nächsten Morgen vom Grundsauer ca. 230 g Teig entnehmen, in ein verschließbares Glas füllen und im Kühlschrank als Anstellgut für weitere Sauerteigbrote aufbewahren.

3

Emmer- und Weizenmehl, Milch, Salz, Honig sowie Gewürze zum Grundsauer geben, verrühren. Die Schüssel mit einem feuchten Tuch bedecken, Teig an einem warmen Ort 1 bis 2 Stunden gehen lassen.

4

Vollsauerteig in 2 Portionen teilen und daraus runde Brote formen, diese auf ein eingefettetes Backblech legen. Die Brote mit Wasser besprühen und mit Mehl bestäuben. Nochmals 30 bis 45 Minuten gehen lassen.

5

Den Backofen auf 250 °C vorheizen.

6

Emmerbrote auf mittlerer Schiene in den Ofen schieben, zuerst 10 Minuten bei 250 °C, dann 50 Minuten bei 180 °C backen.

Emmer

Wird auch Zweikorn genannt und gehört zur Gattung des Weizens. Er war während vieler Jahrhunderte fast verschwunden, heute wird dieses aromatische Getreide wieder angebaut.

links Knäckebrot, Seite 38 **rechts** Emmerbrot, nebenstehend **hinten** Sonnenblumenbrot, Seite 40 **vorne** Knäckebrot, Seite 39

200 g Dinkelvollkornmehl
50 g Weizenvollkornmehl
30 g Sesamsamen
1 TL phosphatfreies Backpulver
¾ TL Salz
25 g weiche Butter
1,7 dl/170 ml Wasser

Abbildung Seite 37

Sesam-Knäckebrot

1
Dinkel- und Weizenmehl, Sesamsamen, Backpulver und Salz in einer Schüssel mischen, Butter und Wasser zugeben, zu einem Teig zusammenfügen. Den Teig auf der Arbeitsfläche 5 Minuten von Hand oder 3 Minuten in der Teigknetmaschine kneten. Die Schüssel mit einem feuchten Tuch bedecken, Teig 30 Minuten ruhen lassen.

2
Den Backofen auf 180 °C vorheizen.

3
Den Teig halbieren, 1 bis 2 mm dick ausrollen, mit dem Teigrädchen 6 cm x 11 cm große Rechtecke schneiden. Das Knäckebrot auf ein eingefettetes Blech legen, mit einer Gabel ein paar Mal einstechen. Mit Dinkelmehl bestäuben.

4
Sesam-Knäckebrot auf mittlerer Schiene in den Ofen schieben, bei 180 °C 30 bis 40 Minuten backen.

50 g Haferflocken
1 dl/100 ml Milch
200 g Weizenvollkornmehl
1 TL phosphatfreies Backpulver
¾ TL Salz
2 EL Baumnuss-/Walnussöl
1 dl/100 ml Wasser

Abbildung Seite 37

Haferflocken-Knäckebrot

1
Die Haferflocken 30 Minuten in der Milch einweichen.

2
Mehl, Backpulver und Salz in einer Schüssel mischen. Eingeweichte Haferflocken, Baumnussöl und Wasser zugeben, zu einem Teig zusammenfügen. Den Teig auf der Arbeitsfläche 5 Minuten von Hand oder 3 Minuten in der Teigknetmaschine kneten. Der Teig soll fest sein. Die Schüssel mit einem feuchten Tuch bedecken, den Teig 30 Minuten ruhen lassen.

3
Den Backofen auf 180 °C vorheizen.

4
Den Teig halbieren, 1 bis 2 mm dick ausrollen, mit dem Teigrädchen 6 cm x 11 cm große Rechtecke schneiden. Das Knäckebrot auf ein eingefettetes Blech legen, mit einer Gabel ein paar Mal einstechen. Mit Dinkelmehl bestäuben.

5
Haferflocken-Knäckebrot auf mittlerer Schiene in den Ofen schieben und bei 180 °C 30 bis 40 Minuten backen.

Brotbackautomat
Typ/Programm: Mehrkorn/Brot
Zutaten: Die beiden Mehle durch 350 g Dinkelruchmehl/Mehltype 1050 oder 250 g Weizenvollkornmehl und 100 g Weizenweißmehl/Mehltype 405 ersetzen.

15 g Frischhefe
1 TL Honig
1 dl/100 ml Wasser
250 g Weizenvollkornmehl
100 g Dinkelvollkornmehl
1 TL Salz
1 EL weiche Butter
1½ dl/150 ml Wasser
100 g Sonnenblumenkerne
3–4 EL Sonnenblumenkerne

Abbildung Seite 37

Sonnenblumenbrot

1
Die Hefe mit dem Honig und dem Wasser verrühren.

2
Das Weizen- und das Dinkelmehl in einer Schüssel mischen, eine Vertiefung formen. Die Hefeflüssigkeit in die Vertiefung gießen, einen Teelöffel Mehl unterrühren. Die Schüssel mit einem feuchten Tuch bedecken, den Vorteig an einem warmen Ort 15 Minuten gehen lassen.

3
Das Salz unter den Vorteig rühren, die weiche Butter und das Wasser zugeben, alles zusammenfügen. Teig auf der Arbeitsfläche 10 Minuten von Hand oder 4 bis 5 Minuten in der Teigknetmaschine kneten. Der Teig muss weich sein. Sonnenblumenkerne (100 g) einarbeiten. Die Schüssel mit einem feuchten Tuch bedecken, den Teig an einem warmen Ort auf das doppelte Volumen aufgehen lassen.

4
Den Backofen auf 250 °C vorheizen.

5
Ein baumnuss-/walnussgroßes Teigstück beiseite legen, aus dem restlichen Teig eine Kugel formen und diese auf ein eingefettetes Backblech legen, in der Mitte eine Vertiefung eindrücken, das kleine Teigstück zu einer Kugel formen, in kaltes Wasser tauchen und in die Vertiefung drücken. Das Brot mit Wasser besprühen. Restliche Sonnenblumenkerne darüber streuen, leicht andrücken. Nochmals 5 bis 10 Minuten gehen lassen.

6
Sonnenblumenbrot auf mittlerer Schiene in den Ofen schieben, 10 Minuten bei 250 °C und 35 Minuten bei 180 °C backen. Das noch heiße Brot mit Wasser besprühen.

Brotbackautomat
Typ/Programm: Mehrkorn/Brot
Zutaten: Für Grundsauer 250 g Weizenweißmehl/Mehltype 405, Trockenhefe entsprechend 10 g Frischhefe, 1 TL Honig und 1 EL Sauerteig-Extrakt nehmen.
Die übrigen Zutaten bleiben unverändert.

½ Portion Anstellgut, Seite 24
250 g Roggenvollkornmehl
3 dl/300 ml Wasser
250 g Weizenvollkornmehl
60 g Mohnsamen
2 dl/200 ml Wasser
1½ TL Salz
2 EL Mohnsamen

Abbildung Seite 43

Mohnsamenbrot

1
Für den Grundsauer Anstellgut (ca. 230 g) mit Roggenmehl und Wasser glatt rühren. Schüssel mit einem feuchten Tuch bedecken, Grundsauer über Nacht an einem warmen Ort stehen lassen.

2
Am nächsten Morgen vom Grundsauer ca. 230 g Teig entnehmen, in ein verschließbares Glas füllen und im Kühlschrank für weitere Sauerteigbrote aufbewahren.

3
Weizenmehl, Mohnsamen, Wasser und Salz zum Grundsauer geben, gut vermengen. Die Schüssel mit einem feuchten Tuch bedecken, Teig an einem warmen Ort 1 bis 2 Stunden gehen lassen.

4
Den nun erhaltenen Vollsauerteig zu einem runden Laib formen, auf das eingefettete Blech legen, 30 bis 45 Minuten gehen lassen. Brot mit Wasser bepinseln, mit den Mohnsamen bestreuen, leicht andrücken.

5
Den Backofen auf 250 °C vorheizen.

6
Das Mohnsamenbrot auf mittlerer Schiene in den Ofen schieben, 10 Minuten bei 250 °C und 50 bis 60 Minuten bei 180 °C backen.

Brotbackautomat
Typ/Programm: Mehrkorn/Brot
Zutaten: 1½ dl/150 ml Einweichwasser für den Amaranth; 400 g Weizenvollkornmehl; 1 dl/100 ml Milch und 0,8 dl/80 ml Wasser (anstatt 1½ dl/150 ml Milch).
Zubereitung: Amaranth über Nacht im Wasser quellen lassen; mit dem Einweichwasser verwenden.

100 g Amaranth
3½ dl/350 ml Wasser
15 g Frischhefe
1 TL Honig
1 dl/100 ml Wasser
50 g Amaranthmehl
500 g Weizenvollkornmehl
2 TL Salz
1½ dl/150 ml Milch
1 EL weiche Butter

Amaranthbrot

1
Amaranth mit dem Wasser aufkochen, 10 Minuten bei schwacher Hitze zugedeckt köcheln, auf der ausgeschalteten Wärmequelle 1 Stunde ausquellen lassen.

2
Die Hefe mit dem Honig und dem Wasser verrühren.

3
Amaranth- und Weizenmehl sowie Salz in einer Schüssel mischen, eine Vertiefung formen. Hefeflüssigkeit in die Vertiefung gießen, einen Teelöffel Mehl unterrühren. Schüssel mit einem feuchten Tuch bedecken, den Vorteig an einem warmen Ort 15 Minuten gehen lassen.

4
Milch, weiche Butter und gekochten Amaranth unter den Vorteig rühren, alles zusammenfügen. Teig auf der Arbeitsfläche 10 Minuten von Hand oder 5 Minuten in der Teigknetmaschine kneten. Der Teig muss weich sein. Die Schüssel mit einem feuchten Tuch bedecken, den Teig an einem warmen Ort auf das doppelte Volumen aufgehen lassen.

5
Den Backofen auf 250 °C vorheizen.

6
Den Teig zu einer Kugel formen, auf das eingefettete Blech legen. 10 Minuten gehen lassen. Für die Verzierung ein Trinkglas in die Mitte der Teigkugel drücken, Oberfläche strahlenförmig 8 Mal einschneiden, das Glas herausnehmen.

7
Amaranthbrot auf mittlerer Schiene in den Ofen schieben, 10 Minuten bei 250 °C, 35 Minuten bei 180 °C backen.

hinten Amaranthbrot, nebenstehend **vorne** Mohnsamenbrot, Seite 41

Brotbackautomat
Typ/Programm: Mehrkorn/Brot
Zutaten: Weizenvollkornmehl (200 g) durch 200 g Weizenweißmehl/ Mehltype 405 ersetzen.
Zubereitung: Haferflocken nicht einweichen.

100 g grobe Haferflocken
1½ dl/150 ml Milch
15 g Frischhefe
1 TL Honig
1½ dl/150 ml Wasser
200 g Weizenvollkornmehl
200 g Dinkelvollkornmehl
1½ TL Salz
2 EL Baumnuss-/Walnussöl
2 EL grobe Haferflocken

Haferflockenbrot

1
Die Haferflocken 30 Minuten in der Milch einweichen.

2
Die Hefe mit dem Honig und dem Wasser verrühren.

3
Weizen- und Dinkelmehl mit dem Salz in einer Schüssel mischen, eine Vertiefung formen. Hefeflüssigkeit in die Vertiefung gießen, 1 TL Mehl unterrühren. Schüssel mit einem feuchten Tuch bedecken, den Vorteig an einem warmen Ort 15 Minuten gehen lassen.

4
Eingeweichte Haferflocken mit dem Baumnussöl unter den Vorteig rühren, zu einem Teig zusammenfügen. Den Teig auf der Arbeitsfläche 10 Minuten von Hand oder 5 Minuten in der Teigknetmaschine kneten. Der Teig muss weich sein. Schüssel mit einem feuchten Tuch bedecken, den Teig an einem warmen Ort auf das doppelte Volumen aufgehen lassen.

5
Den Backofen auf 250 °C vorheizen.

6
Teig zu einer Kugel formen, auf das eingefettete Blech legen. Mit wenig Wasser besprühen, Haferflocken darüber streuen. 10 Minuten gehen lassen. Für die Verzierung ein Trinkglas in die Mitte der Teigkugel drücken, wieder herausnehmen.

7
Haferflockenbrot auf mittlerer Schiene in den Ofen schieben, zuerst 10 Minuten bei 250 °C, dann 35 Minuten bei 180 °C backen.

hinten Haferflockenbrot, nebenstehend **vorne** Hirseflockenbrot, Seite 46

Brotbackautomat
Typ/Programm: Mehrkorn/Brot
Zutaten: Dinkelvollkornmehl durch Dinkelruchmehl/Mehltype 1050 ersetzen.
Nur 2½ dl/250 ml Wasser (anstatt 3 dl/300 ml) nehmen.

15 g Frischhefe
1 TL Honig
1 dl/100 ml Wasser
300 g Dinkelvollkornmehl
80 g Hirseflocken
1 TL Salz
2 dl/200 ml Wasser

Abbildung Seite 45

Hirseflockenbrot

1
Die Hefe mit dem Honig und dem Wasser verrühren.

2
Mehl und Hirseflocken in einer Schüssel mischen, eine Vertiefung formen. Hefeflüssigkeit in die Vertiefung gießen, einen Teelöffel Mehl unterrühren. Die Schüssel mit einem feuchten Tuch bedecken, den Vorteig an einem warmen Ort 15 Minuten gehen lassen.

3
Das Salz unter den Vorteig rühren, das Wasser zugeben, zu einem Teig zusammenfügen. Teig auf der Arbeitsfläche 10 Minuten von Hand oder 5 Minuten in der Teigknetmaschine kneten. Der Teig muss weich sein. Die Schüssel mit einem feuchten Tuch bedecken, Teig an einem warmen Ort auf das doppelte Volumen aufgehen lassen.

4
Den Backofen auf 250 °C vorheizen.

5
Teig oval formen, auf das eingefettete Blech legen. Nochmals 10 Minuten gehen lassen. Für die Verzierung auf der Teigoberfläche mit einem scharfen Messer 3 Rhomben schneiden.

6
Das Hirseflockenbrot auf mittlerer Schiene in den Ofen schieben, 10 Minuten bei 250 °C, dann 35 Minuten bei 180 °C backen. Das noch heiße Brot mit Wasser besprühen.

Brotbackautomat
Typ/Programm: Mehrkorn/Brot
Anmerkung: Ein kompaktes Brot

4 EL Weizenkörner
4 EL Haferkörner
4 EL Gerstenkörner
1½ dl/150 ml Wasser
15 g Frischhefe
1 TL Honig
1 dl/100 ml Wasser
250 g Weizenvollkornmehl
100 g Dinkelvollkornmehl
1½ TL Salz
1,2 dl/120 ml Wasser
1 EL Weizenvollkornmehl

Mehrkorn-Ringbrot

1
Alle Körner über Nacht im Wasser einweichen. Das restliche Wasser abgießen.

2
Die Hefe mit dem Honig und dem Wasser verrühren.

3
Weizen- und Dinkelmehl in einer Schüssel mischen, eine Vertiefung formen. Hefeflüssigkeit in die Vertiefung gießen, einen Teelöffel Mehl unterrühren. Die Schüssel mit einem feuchten Tuch bedecken, den Vorteig an einem warmen Ort 15 Minuten gehen lassen.

4
Salz unter den Vorteig rühren, das Wasser zugeben, zu einem Teig zusammenfügen. Teig auf der Arbeitsfläche 10 Minuten von Hand oder 5 Minuten in der Teigknetmaschine kneten. Der Teig muss mittelfest sein. Eingeweichte Körner in den Teig kneten. Schüssel mit einem feuchten Tuch bedecken, Teig an einem warmen Ort auf das doppelte Volumen aufgehen lassen.

5
Den Backofen auf 250 °C vorheizen.

6
Den Teig zu einem Strang von 40 cm Länge ausrollen. Teigenden mit Wasser befeuchten und zum Ring schließen, auf ein eingefettetes Blech legen, mit Wasser besprühen, 5 bis 10 Minuten gehen lassen. Für die Verzierung die Oberfläche 4 Mal einschneiden. Mit Mehl bestäuben.

7
Mehrkorn-Ringbrot auf mittlerer Schiene in den Ofen schieben, zuerst 10 Minuten bei 250 °C, dann 35 Minuten bei 180 °C backen.

Alte und bewährte Brotsorten

für eine Cake-/Kastenform
von 23–28 cm Länge

1 Portion Anstellgut, Seite 24
500 g Roggenvollkornmehl
3 dl/300 ml Wasser
500 g gemahlene Kruskamischung
2½ dl/250 ml Wasser
2 TL Meersalz
10 g Hefe

Kruskabrot

1
Für den Grundsauer Anstellgut, Roggenmehl und Wasser in einer Schüssel gut verrühren. Die Schüssel mit einem feuchten Tuch bedecken, Teig über Nacht, etwa 10 bis 12 Stunden, an einem warmen Ort stehen lassen.

2
Am nächsten Morgen vom Grundsauer die gleiche Menge wie für das Anstellgut verwendet wurde (ca. 450 g) wegnehmen und in ein Glas mit Schraubverschluss füllen. Im Kühlschrank für weitere Brote aufbewahren.

3
Kruskamehl, Wasser, Meersalz und Hefe zum Grundsauer geben, gut rühren. Die Teigschüssel mit einem feuchten Tuch bedecken, den Teig an einem warmen Ort 1 bis 2 Stunden gehen lassen.

4
Cakeform einfetten, Teig einfüllen. Nochmals 30 bis 60 Minuten gehen lassen.

5
Den Backofen auf 250 °C vorheizen.

6
Kruskabrot auf mittlerer Schiene in den Ofen schieben, 10 Minuten bei 250 °C und 70 Minuten bei 180 °C backen. Das Brot aus der Form nehmen und nochmals 10 Minuten bei 180 °C backen.

links Urbrot, Seite 52 **hinten** Kruskabrot, nebenstehend **vorne rechts** Grahambrot, Seite 53

für 2 Cake-/Kastenformen
von 20–23 cm Länge

3 TL Salz
1 kg Weizenvollkornmehl
5 g Frischhefe
1 l Wasser
200 g Weizenvollkornmehl

Abbildung Seite 51

Urbrot

1
Salz und Mehl (1 kg) in einer Schüssel mischen. Die im Wasser aufgelöste Hefe unterrühren. Die Schüssel mit einem feuchten Tuch bedecken. Den flüssigen Teig an einem warmen Ort 12 Stunden stehen lassen.

2
Restliches Mehl in den Teig einarbeiten. Den Teig auf der Arbeitsfläche 10 Minuten von Hand oder 5 Minuten in der Teigknetmaschine kneten.

3
Den ziemlich feuchten Teig in die eingefetteten und bemehlten Cakeformen füllen. Nochmals 30 bis 45 Minuten gehen lassen.

4
Den Backofen auf 250 °C vorheizen.

5
Die Urbrote auf mittlerer Schiene in den Ofen schieben, zuerst 10 Minuten bei 250 °C, dann 40 Minuten bei 180 °C backen. Die Brote aus der Form nehmen und bei 180 °C nochmals 10 Minuten backen.

Brotbackautomat
Typ/Programm: Vollwert/Brot
Anmerkung: Sehr schöne Kruste

für eine Cakeform von
20–23 cm Länge

15 g Frischhefe
1 TL Honig
1 dl/100 ml Wasser
400 g Weizenvollkornmehl
1½ TL Salz
3 dl/300 ml Milch
100 g Weizenweißmehl/Mehltype 405

Abbildung Seite 51

Grahambrot

1
Die Hefe mit dem Honig und dem Wasser verrühren.
2
Das Vollkornmehl und das Salz in einer Schüssel mischen, die Milch unterrühren. Die Schüssel mit einem feuchten Tuch bedecken, Teig an einem warmen Ort 30 bis 60 Minuten stehen lassen.
3
Eine Vertiefung in den Teig drücken, die Hefeflüssigkeit hineingießen. Die Schüssel mit einem feuchten Tuch bedecken, den Vorteig an einem warmen Ort 15 Minuten gehen lassen.
4
Weißmehl in den Teig arbeiten. Teig auf der Arbeitsfläche 10 Minuten von Hand oder 5 Minuten in der Teigknetmaschine kneten. Der Teig muss leicht klebend und elastisch sein. Schüssel mit einem feuchten Tuch bedecken, Teig an einem warmen Ort auf das doppelte Volumen aufgehen lassen.
5
Den Backofen auf 250 °C vorheizen.
6
Den Teig zu einer Rolle formen, in die eingefettete Cakeform legen. Nochmals 10 Minuten gehen lassen.
7
Grahambrot auf mittlerer Schiene in den Ofen schieben, 10 Minuten bei 250 °C und 40 Minuten bei 180 °C backen. Das Brot aus der Form nehmen, bei 180 °C nochmals 10 Minuten backen.

Brotbackautomat
Typ/Programm: Mehrkorn/Brot
Zutaten: Anstelle der rezeptierten Zutaten 200 g Weizenvollkornmehl, 300 g Roggenvollkornmehl, Trockenhefe entsprechend 10 g Frischhefe, 1 EL Sauerteig-Extrakt und 4,2 dl/420 ml Buttermilch nehmen.

15 g Frischhefe
1 TL Honig
1 dl/100 ml Buttermilch
300 g Roggenvollkornmehl
300 g Weizenvollkornmehl
1½ TL Salz
2 EL Anstellgut, Seite 24
2,8 dl/280 ml Buttermilch

Buttermilchbrot

1
Die Hefe mit dem Honig und der Buttermilch verrühren.

2
Roggen- und Weizenmehl sowie Salz in einer Schüssel mischen, eine Vertiefung formen. Hefeflüssigkeit in die Vertiefung gießen, einen Teelöffel Mehl unterrühren. Die Schüssel mit einem feuchten Tuch bedecken, den Vorteig an einem warmen Ort 15 Minuten gehen lassen.

3
Anstellgut und Buttermilch zum Vorteig geben, zusammenfügen. Teig auf der Arbeitsfläche 10 Minuten von Hand oder 5 Minuten in der Teigknetmaschine kneten. Der Teig sollte leicht klebend und weich sein. Schüssel mit einem feuchten Tuch bedecken, Teig an einem warmen Ort auf das doppelte Volumen aufgehen lassen.

4
Den Backofen auf 250 °C vorheizen.

5
Teig halbieren, zwei Kugeln formen, auf ein eingefettetes Blech legen, 10 Minuten gehen lassen. Für die Verzierung die Oberfläche in der Mitte 1 cm tief einschneiden.

6
Buttermilchbrote auf mittlerer Schiene in den Ofen schieben, zuerst 10 Minuten bei 250 °C, dann 30 Minuten bei 180 °C backen.

hinten Kartoffelbrot, Seite 56 **vorne** Buttermilchbrot, nebenstehend

200 g mehlig kochende Kartoffeln
15 g Frischhefe
1 TL Honig
1 dl/100 ml Wasser
350 g Dinkelvollkornmehl
1½ TL Salz
0,6 dl/60 ml zimmerwarme Milch

Abbildung Seite 55

Kartoffelbrot

1

Kartoffeln mit Schale würfeln, im Dampf weich garen. Noch heiß durch Passevite/Flotte Lotte drehen.

2

Die Hefe mit dem Honig und dem Wasser verrühren.

3

Mehl in eine Schüssel geben und eine Vertiefung formen. Hefeflüssigkeit in die Vertiefung gießen, einen Teelöffel Mehl unterrühren. Schüssel mit einem feuchten Tuch bedecken, Vorteig an einem warmen Ort rund 15 Minuten gehen lassen.

4

Das Salz unter den Vorteig rühren, Kartoffelpüree und Milch zugeben, alles zusammenfügen. Teig auf der Arbeitsfläche 10 Minuten von Hand oder 5 Minuten in der Teigknetmaschine kneten. Der Teig muss geschmeidig sein. Teigschüssel mit einem feuchten Tuch bedecken, Teig an einem warmen Ort auf das doppelte Volumen aufgehen lassen.

5

Den Backofen auf 250 °C vorheizen.

6

Aus dem Teig einen Laib formen, im Mehl wenden. Das Brot auf ein eingefettetes Blech legen und nochmals 5 Minuten gehen lassen.

7

Das Kartoffelbrot auf mittlerer Schiene in den Ofen schieben, zuerst 10 Minuten bei 250 °C, dann 30 Minuten bei 180 °C backen.

Brotbackautomat
Typ/Programm: Mehrkorn/Brot
Zutaten: Das Weizenvollkornmehl durch Dinkel- oder Weizenruch-/Graumehl/Mehltype 1050 ersetzen; Trockenhefe entsprechend 10 g Frischhefe; 1 TL Honig und 0,9 dl/90 ml (anstatt 1 dl/100 ml) Wasser nehmen.

50 g Gerstenschrot
1 dl/100 ml Wasser
15 g Frischhefe
2 EL Gerstenmalzextrakt
1 dl/100 ml Wasser
50 g Gerstenvollkornmehl
400 g Weizenvollkornmehl
1½ TL Meersalz
2 Prisen Kümmelpulver
0,8 dl/80 ml helles Bier
3 EL Milch

Gerstenmalzbrot

1
Das Gerstenschrot 2 bis 3 Stunden im Wasser einweichen.

2
Hefe, Gerstenmalzextrakt und Wasser verrühren.

3
Gersten- und Weizenmehl in einer Schüssel mischen, eine Vertiefung formen. Hefeflüssigkeit in die Vertiefung gießen, einen Teelöffel Mehl unterrühren. Die Schüssel mit einem feuchten Tuch bedecken, den Vorteig an einem warmen Ort 15 Minuten gehen lassen.

4
Salz, Kümmel und Gerstenschrot unter den Vorteig rühren, Bier zugeben, alles zusammenfügen. Teig auf der Arbeitsfläche 10 Minuten von Hand oder 5 Minuten in der Teigknetmaschine kneten. Der Teig muss weich und elastisch sein. Die Schüssel mit einem feuchten Tuch bedecken, den Teig an einem warmen Ort auf das doppelte Volumen aufgehen lassen.

5
Den Backofen auf 250 °C vorheizen.

6
Teig in 4 Portionen teilen und nicht ganz rund formen. Teigkugeln auf einem eingefetteten Blech wie ein Kleeblatt zusammensetzen. Nochmals 10 Minuten gehen lassen.

7
Das Gerstenmalzbrot auf mittlerer Schiene in den Ofen schieben, zuerst 10 Minuten bei 250 °C, dann 25 Minuten bei 180 °C backen. Das noch heiße Brot mit Milch einpinseln.

Brotbackautomat
Typ/Programm: Vollwert/Brot
Zutaten: Mehlmenge halbieren; Trockenhefe entsprechend 15 g Frischhefe, 1½ TL Meersalz und 2,6 dl/260 ml Wasser nehmen.

für 4 Brote

20 g Frischhefe
1 TL Honig
2 dl/200 ml Wasser
200 g Roggen- oder Weizenvollkornmehl
800 g Weizenweißmehl/Mehltype 405
3 TL Salz
4 dl/400 ml Wasser

St. Galler Brot

1
Die Hefe mit dem Honig und dem Wasser verrühren.

2
Roggen- und Weizenmehl in einer Schüssel mischen, eine Vertiefung drücken. Hefeflüssigkeit in die Vertiefung gießen, einen Teelöffel Mehl unterrühren. Die Schüssel mit einem feuchten Tuch bedecken, den Vorteig an einem warmen Ort 15 Minuten gehen lassen.

3
Salz unter den Vorteig rühren, Wasser zugeben, alles zusammenfügen. Teig auf der Arbeitsfläche 10 Minuten von Hand oder 5 Minuten in der Teigknetmaschine kneten. Der Teig muss weich sein. Die Schüssel mit einem feuchten Tuch bedecken, Teig an einem warmen Ort auf das doppelte Volumen aufgehen lassen.

4
Teig halbieren, zwei Kugeln formen, auf bemehlter Unterlage 10 bis 15 Minuten gehen lassen.

5
Den Backofen auf 250 °C vorheizen.

6
Teigkugeln flach drücken, mit dem Nudelholz zu Fladen von 15 bis 20 cm Durchmesser ausrollen. Die Fladen halbieren, mit wenig Wasser besprühen. Die Halbkreise sofort satt aufrollen, ein wenig bemehlen, auf ein eingefettetes Blech legen.

7
Die St. Galler Brote auf mittlerer Schiene in den Ofen schieben, zuerst 10 Minuten bei 250 °C, dann 20 bis 30 Minuten bei 180 °C backen.

hinten St. Galler Brot, nebenstehend **vorne rechts** Tessiner Brot, Seite 60

Brotbackautomat
Typ/Programm: Normal/Brot

10 g Frischhefe
1 TL Honig
1 dl/100 ml Wasser
400 g Weizenweißmehl/Mehltype 405
1 TL Salz
1½ EL Sonnenblumenöl
1,2 dl/120 ml Milchwasser (halb Milch/halb Wasser)

Abbildung Seite 59

Tessiner Brot

1
Hefe, Honig und Wasser verrühren.

2
Mehl in eine Schüssel geben und eine Vertiefung drücken. Hefeflüssigkeit in die Vertiefung gießen, einen Teelöffel Mehl unterrühren. Schüssel mit einem feuchten Tuch bedecken, Vorteig an einem warmen Ort 15 Minuten gehen lassen.

3
Salz unter den Vorteig rühren, Sonnenblumenöl und Milchwasser zugeben, zu einem Teig zusammenfügen. Teig auf der Arbeitsfläche 10 Minuten von Hand oder 5 Minuten in der Teigknetmaschine kneten. Der Teig muss weich und elastisch sein. Teigschüssel mit einem feuchten Tuch bedecken, den Teig an einem warmen Ort auf das doppelte Volumen aufgehen lassen.

4
Den Backofen auf 250 °C vorheizen.

5
Teig in vier gleich große Portionen teilen, längliche Ovale formen, diese eng aneinander auf ein eingefettetes Blech legen. Nochmals 10 Minuten gehen lassen. Für die Verzierung Oberfläche in der Mitte längs mit einem scharfen Messer einschneiden, mit Wasser bepinseln.

6
Tessiner Brot auf mittlerer Schiene in den Ofen schieben, zuerst 10 Minuten bei 250 °C, dann 25 Minuten bei 180 °C backen.

Brotbackautomat
Typ/Programm: Vollwert/Brot
Zutaten: Nur 2,6 dl/260 ml Wasser (anstatt 2,8 dl/280 ml) nehmen.

15 g Frischhefe
1 TL Honig
1 dl/100 ml Wasser
150 g Roggenvollkornmehl
300 g Dinkelruch/-graumehl/Mehltype 1050
1½ TL Salz
1,8 dl/180 ml Wasser

Abbildung Seite 63

«Rüa» – Freiburger Bauernbrot

1
Die Hefe mit dem Honig und dem Wasser verrühren.
2
Roggen- und Dinkelmehl in einer Schüssel mischen, eine Vertiefung formen. Hefeflüssigkeit in die Vertiefung gießen, einen Teelöffel Mehl unterrühren. Schüssel mit einem feuchten Tuch bedecken, den Vorteig an einem warmen Ort 15 Minuten gehen lassen.
3
Das Salz unter den Vorteig rühren, das Wasser zugeben und alles zusammenfügen. Den Teig auf der Arbeitsfläche 10 Minuten von Hand oder 5 Minuten in der Teigknetmaschine kneten. Der Teig muss weich sein. Die Schüssel mit einem feuchten Tuch bedecken, den Teig an einem warmen Ort auf das doppelte Volumen aufgehen lassen.
4
Den Teig halbieren, zwei Kugeln formen, mit dem Teigholz zu 2 bis 3 cm dicken Fladen ausrollen. Die Fladen auf ein eingefettetes Blech legen, nochmals 10 Minuten gehen lassen.
5
Den Backofen auf 250 °C vorheizen.
6
Für die Verzierung mit dem Stiel eines Holzkochlöffels ein Kreuz in die Fladen drücken. Den Stiel links und rechts der beiden Vertiefungen ebenfalls eindrücken, sodass ein gitterartiges Muster entsteht (siehe Bild).
7
Freiburger Bauernbrot auf mittlerer Schiene in den Ofen schieben, zuerst 10 Minuten bei 250 °C, dann 25 Minuten bei 180 °C backen.

Brotbackautomat
Typ/Programm: Normal/Brot; Brot, schnell. Schmeckt wie in Italien!

10 g Hefe
1 TL Honig
1 dl/100 ml Wasser
350 g Weizenweißmehl/Mehltype 405
2 Prisen Meersalz
1,8 dl/180 ml Wasser
2 EL Weizenweißmehl/Mehltype 405

Ciabatta

1
Die Hefe mit dem Honig und dem Wasser verrühren.

2
Das Mehl in eine Schüssel geben, eine Vertiefung formen. Die Hefeflüssigkeit in die Vertiefung gießen. Mit einem Esslöffel etwas Mehl unter die Flüssigkeit rühren. Die Schüssel mit einem feuchten Tuch bedecken und den Vorteig 15 Minuten gehen lassen.

3
Das Salz zum Vorteig geben, gut mischen, das Wasser zugeben. Alles zusammenfügen und den Teig auf der Arbeitsfläche 10 Minuten von Hand oder 5 Minuten mit der Teigknetmaschine kneten. Die Schüssel mit einem feuchten Tuch bedecken und den Teig an einem warmen Ort auf das doppelte Volumen aufgehen lassen.

4
Den Teig zu einer Kugel formen und diese 2½ cm dick ausrollen. Mit Wasser einpinseln und mit Mehl bestäuben. Nochmals 10 Minuten gehen lassen.

5
Den Backofen auf höchster Stufe (Unter- und Oberhitze) vorheizen.

6
Ciabatta auf mittlerer Schiene in den Ofen schieben, zuerst 10 Minuten auf höchster Stufe, dann 15 bis 20 Minuten bei 180 °C backen.

Zum Rezept
Dieses fast salzlose Fladenbrot gehört zu jedem italienischen Essen!

links «Rüa» Freiburger Bauernbrot, Seite 61 **rechts** Ciabatta, nebenstehend

Knusprige Brötchen

40 g Frischhefe
1 TL Malz
1 TL Vollrohrzucker
1 dl/100 ml lauwarme Milch
1 kg Bauernmehl (Mischung aus Dinkel- und Roggenmehl)
1 EL Salz
6 dl/600 ml Milch oder Buttermilch
150 g Weizen- oder grobe Haferflocken
1 Eigelb

Flocken-Fitness-Partybrot

1
Hefe, Malz sowie Zucker mit der lauwarmen Milch verrühren.

2
Das Mehl und das Salz durch Rühren mit dem Schneebesen auflockern.

3
Sämtliche Zutaten, ausgenommen Flocken und Eigelb, zu einem geschmeidigen, kompakten Teig verkneten. Die Teigschüssel mit einem feuchten Tuch bedecken, Teig an einem warmen Ort auf das doppelte Volumen aufgehen lassen. Nochmals gut durchkneten, ein paar Mal klopfen. Die Flocken mit dem Eigelb vermengen, in den Teig kneten.

4
Aus dem Teig eine gleichmäßige Rolle formen und diese in 19 Portionen teilen, je 90 g, Kugeln formen und diese auf ein mit Backpapier belegtes Blech legen: an die erste Kugel sechs weitere Kugeln drücken, mit den restlichen Kugeln einen zweiten Kreis bilden, leicht andrücken. Die Kugeln mit Wasser bestreichen. 15 Minuten gehen lassen.

5
Den Backofen auf 250 °C vorheizen. Dann auf 220 °C zurückschalten.

6
Das Partybrot auf mittlerer Schiene in den Ofen schieben, bei 220 °C etwa 30 Minuten backen.

Tipp
Vor dem Backen mit Nüssen, Mohn-/Leinsamen oder Haferflocken bestreuen.

für 16 Brötchen

20 g Frischhefe
1 TL Honig
1 dl/100 ml Wasser
200 g Weizenvollkornmehl
200 g Dinkelvollkornmehl
1½ TL Salz
1 Umdrehung schwarzer Pfeffer
4 EL Olivenöl extra nativ
2 Knoblauchzehen
2 EL Provencekräuter
1,8 dl/180 ml Wasser
100 g entsteinte schwarze Oliven, grob gehackt

Olivenbrötchen

1
Die Hefe mit dem Honig und dem Wasser verrühren.

2
Die beiden Mehle in einer Schüssel mischen, eine Vertiefung formen. Die Hefeflüssigkeit in die Vertiefung gießen. Die Schüssel mit einem feuchten Tuch bedecken, den Vorteig an einem warmen Ort 15 Minuten gehen lassen.

3
Salz, Pfeffer, Olivenöl, durchgepressten Knoblauch und Provencekräuter unter den Vorteig rühren. Das Wasser zugeben, alles zusammenfügen. Den Teig auf der Arbeitsfläche 10 Minuten von Hand oder 5 Minuten in der Teigknetmaschine kneten. Der Teig soll weich sein. Die Oliven in den Teig kneten. Die Schüssel mit einem feuchten Tuch bedecken und den Teig an einem warmen Ort auf das doppelte Volumen aufgehen lassen.

4
Den Backofen auf 250 °C vorheizen.

5
Den Teig in 16 Portionen teilen und runde Brötchen formen. Die Brötchen auf ein eingefettetes Blech legen. Nochmals 8 Minuten gehen lassen.

6
Die Olivenbrötchen auf mittlerer Schiene in den Ofen schieben, bei 250 °C 10 Minuten backen.

links Dinkelmohnbrötchen, Seite 71, **rechts** Quinoabrötchen, Seite 70 **vorne** Olivenbrötchen, nebenstehend

für 15 Brötchen

100 g Quinoa
2½ dl/250 ml Wasser
15 g Frischhefe
1 TL Honig
1 dl/100 ml Wasser
400 g Dinkelvollkornmehl
2½ EL Mohnsamen
1½ TL Salz
2 dl/200 ml Milch
2 EL Dinkelvollkornmehl
2 EL Quinoa
4 EL Milch

Abbildung Seite 69

Quinoabrötchen

1

Quinoa in einem feinmaschigen Sieb ausgiebig mit heißem Wasser überbrausen. Zusammen mit dem Wasser aufkochen, bei mittlerer Hitze 8 Minuten köcheln lassen. Auf der ausgeschalteten Wärmequelle zugedeckt 10 Minuten quellen lassen.

2

Hefe, Honig und Wasser verrühren. Mehl und Mohnsamen in einer Schüssel gut mischen, eine Vertiefung formen. Hefeflüssigkeit in die Vertiefung gießen, einen Teelöffel Mehl unterrühren. Schüssel mit einem feuchten Tuch bedecken, Vorteig 15 Minuten gehen lassen.

3

Salz unter den Vorteig rühren. Milch und gekochten Quinoa zugeben, alles zusammenfügen. Teig auf der Arbeitsfläche 10 Minuten von Hand oder 5 Minuten in der Teigknetmaschine kneten. Der Teig muss weich sein. Die Schüssel mit einem feuchten Tuch bedecken, Teig an einem warmen Ort auf das doppelte Volumen aufgehen lassen.

4

Den Backofen auf 250 °C vorheizen.

5

Dinkelmehl (2 EL) und Quinoa (2 EL) mischen. Teig in baumnuss-/walnussgroße Portionen teilen, Kugeln formen und diese leicht flach drücken. Zuerst in der Milch, dann im Quinoamehl drehen. Die Brötchen auf ein eingefettetes Blech legen, 10 Minuten gehen lassen.

6

Quinoabrötchen auf mittlerer Schiene in den Ofen schieben, zuerst 10 Minuten bei 250 °C, dann 5 Minuten bei 180 °C backen.

für 10 Brötchen

10 g Frischhefe
1 TL Honig
1 dl/100 ml Wasser
400 g Dinkelvollkornmehl
1 TL Salz
1 EL weiche Butter
2 dl/200 ml Wasser
1 Eiweiß
5 EL Mohnsamen

Abbildung Seite 69

Dinkelmohnbrötchen

1
Die Hefe mit dem Honig und dem Wasser verrühren.

2
Das Mehl in eine Schüssel geben, eine Vertiefung formen. Hefeflüssigkeit in die Vertiefung gießen, einen Teelöffel Mehl unterrühren. Schüssel mit einem feuchten Tuch bedecken, den Vorteig an einem warmen Ort 15 Minuten gehen lassen.

3
Salz unter den Vorteig rühren, gut mischen. Die weiche Butter und das Wasser unterrühren, alles zusammenfügen. Den Teig auf der Arbeitsfläche 10 Minuten von Hand oder 5 Minuten in der Teigknetmaschine kneten. Der Teig muss weich sein. Die Schüssel mit einem feuchten Tuch bedecken, den Teig an einem warmen Ort auf das doppelte Volumen aufgehen lassen.

4
Den Backofen auf 250 °C vorheizen.

5
Den Teig etwas ausrollen. Mit einem Messer Teigstücke abtrennen und daraus Kugeln formen, auf ein eingefettetes Backblech legen. Nochmals 8 bis 10 Minuten gehen lassen.

6
Von der Mitte her die Brötchen mit einem scharfen Messer strahlenförmig einschneiden. Brötchen mit Eiweiß einpinseln und mit dem Mohn bestreuen.

7
Dinkelmohnbrötchen auf mittlerer Schiene in den Ofen schieben, zuerst 5 Minuten bei 250 °C, dann 5 bis 7 Minuten bei 180 °C backen.

4 EL Leinsamen
1 dl/100 ml Wasser
15 g Frischhefe
1 TL Honig
1 dl/100 ml Milch
600 g Weizenvollkornmehl
1½ TL Salz
3 EL Sonnenblumenöl
2,7 dl/270 ml Milch

Schlangen-/Stockbrot

1

Leinsamen über Nacht, mindestens aber 1 bis 2 Stunden in wenig Wasser einweichen. Wasser abgießen.

2

Die Hefe mit dem Honig und der Milch verrühren.

3

Das Mehl und das Salz mischen, Leinsamen und Sonnenblumenöl unterrühren, eine Vertiefung formen. Die Hefeflüssigkeit in die Vertiefung gießen und einen Teelöffel Mehl unterrühren.
Die Schüssel mit einem feuchten Tuch bedecken, Vorteig an einem warmen Ort 15 Minuten gehen lassen.

4

Die restliche Milch zum Mehl geben, alles zusammenfügen. Teig auf der Arbeitsfläche 10 Minuten von Hand oder 5 Minuten in der Teigknetmaschine kneten. Der Teig muss fest und eher etwas zäh sein. Die Schüssel mit einem feuchten Tuch bedecken, den Teig an einem warmen Ort auf das doppelte Volumen aufgehen lassen. Oder den Teig im Wald aufgehen lassen.

5

Aus dem Teig 2 bis 3 cm dicke Rollen formen, um einen mitteldicken, noch grünen Ast wickeln.

6

Schlangen-/Stockbrot über die Glut halten, nicht über das direkte Feuer, 15 bis 20 Minuten backen. Das Brot ist fertig gebacken, wenn es rundum braun bis dunkelbraun gebacken ist! Mit einer gebratenen Wurst schmeckt dieses Brot köstlich!

10 g Frischhefe
1 TL Honig
1 dl/100 ml Wasser
400 g Dinkelvollkornmehl
½ TL Fenchelsamen
1 TL Anispulver
½ TL Anissamen
1 TL Salz
1,8 dl/180 ml Milch
Dinkelvollkornmehl

Aniskranz

1
Die Hefe mit dem Honig und dem Wasser verrühren.

2
Mehl, Fenchelsamen, Anispulver und Anissamen in einer Schüssel mischen, eine Vertiefung formen. Hefeflüssigkeit in die Vertiefung gießen, einen Teelöffel Mehl unterrühren. Die Schüssel mit einem feuchten Tuch bedecken, Vorteig an einem warmen Ort 15 Minuten gehen lassen.

3
Das Salz unter den Vorteig rühren, die Milch zugeben, alles zusammenfügen. Teig auf der Arbeitsfläche 10 Minuten von Hand oder 5 Minuten in der Teigknetmaschine kneten. Der Teig muss weich sein. Die Schüssel mit einem feuchten Tuch bedecken, den Vorteig an einem warmen Ort auf das doppelte Volumen aufgehen lassen.

4
Teig nochmals durchkneten. Die Schüssel mit einem feuchten Tuch bedecken, Teig abermals auf das doppelte Volumen aufgehen lassen. Der Teig wird durch das zweimalige Gehenlassen besonders luftig.

5
Den Backofen auf 250 °C vorheizen.

6
Teig in sieben Portionen teilen, Kugeln formen. Die Kugeln im Dinkelmehl drehen und mit dem «Verschluss» nach oben kranzförmig auf ein eingefettetes Blech legen. Nochmals 5 Minuten gehen lassen.

7
Den Aniskranz auf mittlerer Schiene in den Ofen schieben, zuerst 10 Minuten bei 250 °C, dann 30 Minuten bei 180 °C backen.

für 10 Brötchen

5 EL Leinsamen
1 dl/100 ml Wasser
15 g Frischhefe
1 TL Honig
1 dl/100 ml Wasser
400 g Dinkelvollkornmehl
1½ TL Salz
1 EL Sesamsamen
1 EL Mohnsamen
1 EL Sonnenblumenkerne
2 EL Kürbiskerne

Kern-Samen-Brötchen

1
Die Leinsamen über Nacht im Wasser einlegen.

2
Die Hefe mit dem Honig und dem Wasser verrühren.

3
Das Mehl in eine Schüssel geben und eine Vertiefung formen. Hefeflüssigkeit in die Vertiefung gießen, einen Teelöffel Mehl unterrühren. Die Schüssel mit einem feuchten Tuch bedecken, den Vorteig an einem warmen Ort 15 Minuten gehen lassen.

4
Das Salz unter den Vorteig rühren. Eingeweichte Leinsamen samt Flüssigkeit dazugeben, alles zusammenfügen. Teig am besten in der Teigknetmaschine 4 Minuten kneten. Nun die Samen und Kerne in den Teig einarbeiten. Schüssel mit einem feuchten Tuch bedecken, Vorteig an einem warmen Ort auf das doppelte Volumen aufgehen lassen.

5
Den Backofen auf 230 °C vorheizen.

6
Den Teig in etwa 10 Portionen teilen und Kugeln formen, diese bemehlen. Kern-Samen-Brötchen auf ein eingefettetes Blech legen. Nochmals 10 Minuten gehen lassen.

7
Brötchen auf mittlerer Schiene den Ofen schieben, bei 230 °C 10 bis 12 Minuten backen.

links nebenstehend **Körbchen hinten** Seite 79 **Körbchen vorn** Seite 78 **vorn** Seite 80

2 dl/200 ml Rotwein
2 EL Zwetschgen- oder Kirschwasser
170 g zerkleinerte, gemischte Dörrfrüchte
1 Bio-Zitrone, abgeriebene Schale und Saft
1 TL Spekulatiusgewürz
½ TL Zimtpulver
2 Prisen Vanillepulver
300 g Roggenvollkornmehl
300 g Dinkelvollkornmehl
30 g Frischhefe
1 EL Honig
1 dl/100 ml lauwarmes Wasser
1½ TL Salz
2 dl/200 ml Wasser
80 g Nüsse, grob gehackt

Abbildung Seite 77

Vollkornbrötchen mit Dörrfrüchten

1

Rotwein und Zwetschgenwasser in eine kleine Schüssel geben. Dörrfrüchte, Zitronenschale und -saft sowie Gewürze beifügen und vermengen, über Nacht stehen lassen.

2

Roggen- und Dinkelmehl in einer Schüssel mischen, eine Vertiefung formen. Hefe, Honig und Wasser verrühren, in die Vertiefung gießen, 2 Esslöffel Mehl unterrühren. Schüssel mit einem feuchten Tuch bedecken, den Vorteig an einem warmen Ort 15 Minuten gehen lassen.

3

Das Salz und das Wasser unter den Vorteig rühren, alles zusammenfügen. Teig auf der Arbeitsfläche 10 Minuten von Hand oder 5 Minuten in der Teigknetmaschine kneten. Dörrfrüchte und Nüsse einkneten. Den Teig mit einem feuchten Tuch bedecken, an einem warmen Ort auf das doppelte Volumen aufgehen lassen.

4

Den Backofen auf 250 °C vorheizen.

5

Den Teig in etwa 22 Portionen teilen, Kugeln formen, diese in wenig Roggenmehl drehen, auf ein eingefettetes Blech legen. Die Brötchen nochmals 5 bis 10 Minuten gehen lassen.

6

Die Brötchen auf mittlerer Schiene in den Ofen schieben, zuerst 5 Minuten bei 250 °C, dann 25 bis 30 Minuten bei 180 °C backen.

für 16 Brötchen

10 g Frischhefe
1 TL Honig
1 dl/100 ml Wasser
400 g Weizenweißmehl/Mehltype 405
1 TL Salz
1 EL Butter
2 dl/200 ml Wasser

Abbildung Seite 77

Luftige Brötchen

1
Die Hefe mit dem Honig und dem Wasser verrühren.

2
Das Mehl in eine Schüssel geben, eine Vertiefung formen. Die Hefeflüssigkeit in die Vertiefung gießen, einen Teelöffel Mehl unterrühren. Die Schüssel mit einem feuchten Tuch bedecken, den Vorteig an einem warmen Ort 15 Minuten gehen lassen.

3
Salz unter den Vorteig rühren, gut mischen. Butter und Wasser unterrühren, alles zusammenfügen. Den Teig auf der Arbeitsfläche 10 Minuten von Hand oder 5 Minuten in der Teigknetmaschine kneten. Die Schüssel mit einem feuchten Tuch bedecken, den Teig an einem warmen Ort auf das doppelte Volumen aufgehen lassen.

4
Den Teig nochmals durchkneten und wieder gehen lassen. Diesen Vorgang 4 Mal wiederholen.

5
Den Backofen auf 250 °C vorheizen.

6
Aus dem Teig ein Rolle formen und diese in 16 Portionen teilen. Die Teigstücke sorgfältig zu Kugeln formen. Die Brötchen auf ein eingefettetes Blech legen; 10 Minuten gehen lassen.

7
Die Brötchen auf mittlerer Schiene in den Ofen schieben, zuerst 8 Minuten bei 250 °C, dann 5 Minuten bei 180 °C backen. Nach dem Backen nochmals mit Wasser besprühen.

für 10 bis 12 Brötchen

15 g Frischhefe
1 TL Honig
1 dl/100 ml Wasser
200 g Dinkelvollkornmehl
100 g Roggenvollkornmehl
1 TL Salz
100 g Vollmilchquark
½ dl/50 ml Milch

Abbildung Seite 77

Quarkbrötchen

1
Die Hefe mit dem Honig und dem Wasser verrühren.

2
Dinkel- und Roggenmehl in einer Schüssel mischen, eine Vertiefung formen. Hefeflüssigkeit in die Vertiefung gießen, einen Teelöffel Mehl unterrühren. Die Schüssel mit einem feuchten Tuch bedecken, den Vorteig an einem warmen Ort 15 Minuten gehen lassen.

3
Das Salz unter den Vorteig rühren. Den Quark und die Milch zugeben, alles zusammenfügen. Teig auf der Arbeitsfläche 10 Minuten von Hand oder 5 Minuten in der Teigknetmaschine kneten. Der Teig muss weich sein. Die Schüssel mit einem feuchten Tuch bedecken, Teig an einem warmen Ort auf das doppelte Volumen aufgehen lassen.

4
Den Backofen auf 230 °C vorheizen.

5
Aus dem Teig eine Rolle von 5 cm Durchmesser drehen. Die Rolle mit einem scharfen Messer in 12 mm dicke Scheiben schneiden. Die Teigstücke auf ein mit Backpapier belegtes Blech legen. Nochmals 8 Minuten gehen lassen. Eventuell mit Wasser einstreichen.

6
Quarkbrötchen auf mittlerer Schiene in den Ofen schieben, bei 230 °C 5 bis 10 Minuten backen.

Für 10 bis 12 Brötchen

15 g Frischhefe
1 TL Honig
1½ dl/150 ml lauwarmes Wasser
200 g Dinkelruchmehl/Mehltype 1050
100 g Dinkelvollkornmehl
50 g feines Reismehl
½ TL Kräutermeersalz

Füllung
100 g Raclettekäse
50 g Bergkäse
50 g Emmentaler
je 1 TL gehackter Oregano und Thymian
wenig Rosmarin
10 entsteinte schwarze Oliven

Pizzabrötchen

1
Hefe, Honig und Wasser verrühren.
2
Mehle und Kräutersalz mischen, eine Vertiefung formen. Hefeflüssigkeit in die Vertiefung gießen, nach und nach das Mehl unterrühren. Den Teig 10 Minuten von Hand oder 3 bis 5 Minuten in der Teigknetmaschine kneten. Die Schüssel mit einem feuchten Tuch bedecken, den Teig bei Zimmertemperatur auf das doppelte Volumen aufgehen lassen.
3
Die drei Käsesorten in kleine Würfel schneiden, die Oliven hacken. Käse, Kräuter und Oliven in den Teig einarbeiten.
4
Backofen auf 220 °C vorheizen.
5
Den Teig zu einer Rolle formen, diese in Portionen teilen und daraus Brötchen formen, auf ein eingefettetes Blech legen, die Brötchen mit Wasser einpinseln. 10 Minuten gehen lassen.
6
Die Pizzabrötchen in der Mitte in den Backofen schieben, bei 220 °C 15 bis 20 Minuten backen.

Für Sonn- und Festtag

15 g Frischhefe
1 TL Honig
1 dl/100 ml Milch
500 g Weizenruchmehl/Mehltype 1050
1½ TL Salz
2,2 dl/220 ml Milch
75 g Butter
1 Eigelb

Feines Hefebrot

1

Hefe mit dem Honig und der Milch verrühren.

2

Das Mehl in eine Schüssel geben und eine Vertiefung formen. Hefeflüssigkeit in die Vertiefung gießen, einen Teelöffel Mehl unterrühren. Die Schüssel mit einem feuchten Tuch bedecken, den Vorteig an einem warmen Ort 15 Minuten gehen lassen.

3

Das Salz unter den Vorteig rühren. Milch und Butter in einer Pfanne leicht erwärmen, bis die Butter flüssig ist. Die Milchbutter zum Vorteig geben, alles zusammenfügen. Den Teig auf der Arbeitsfläche 15 Minuten von Hand oder 5 Minuten in der Teigknetmaschine kneten. Der Teig soll elastisch und weich sein. Die Schüssel mit einem feuchten Tuch bedecken, Teig an einem warmen Ort auf das doppelte Volumen aufgehen lassen.

4

Den Teig in zwei Portionen teilen, daraus 4 bis 5 cm dicke Rollen formen, zu einem Brot schlingen. Brot auf das eingefettete Blech legen, nochmals 8 Minuten gehen lassen. Dann das Brot mit Blech für 10 Minuten in den Kühlschrank stellen. Durch den Kälteschockbekommt das Gebäck eine sehr schöne Form. Mit Eigelb bepinseln.

5

Den Backofen auf 200 °C vorheizen.

6

Brot auf mittlerer Schiene in den Ofen schieben, bei 200 °C 35 bis 40 Minuten backen.

Brotbackautomat
Typ/Programm: Normal/Brot
Zum Rezept: Ein wunderbares Frühstücksbrot

für eine Cake-/Kastenform
von 20–23 cm Länge

15 g Frischhefe
1 TL Honig
1 dl/100 ml Milch
450 g Weizenweißmehl/Mehltype 405
1½ TL Salz
1 Freilandei
1,2 dl/120 ml Milch

Helles Milchbrot

1
Die Hefe mit dem Honig und der Milch verrühren.

2
Das Mehl und das Salz in einer Schüssel mischen, eine Vertiefung formen. Die Hefeflüssigkeit in die Vertiefung gießen, einen Teelöffel Mehl unterrühren. Schüssel mit einem feuchten Tuch bedecken, Vorteig an einem warmen Ort 15 Minuten gehen lassen.

3
Das Ei und die Milch unter den Vorteig rühren, zusammenfügen. Teig auf der Arbeitsfläche 8 Minuten von Hand oder 5 Minuten in der Teigknetmaschine kneten. Der Teig muss glatt und elastisch sein. Die Schüssel mit einem feuchten Tuch bedecken, den Teig an einem warmen Ort auf das doppelte Volumen aufgehen lassen.

4
Den Backofen auf 230 °C vorheizen.

5
Den Teig in die eingefettete Cakeform geben. Nochmals 10 Minuten gehen lassen.

6
Das Milchbrot auf mittlerer Schiene in den Ofen schieben, zuerst 10 Minuten bei 230 °C, dann 15 Minuten bei 180 °C backen. Das Brot aus der Form nehmen und nochmals 10 Minuten bei 180 °C backen.

links Dinkeltoastbrot, Seite 88 **rechts** Helles Milchbrot, nebenstehend

Brotbackautomat
Typ/Programm: Normal/Brot
Zutaten: 80 g Butter (anstatt 50 g) nehmen

für eine Cake-/Kastenform
von 20–23 cm Länge

15 g Frischhefe
1 TL Honig
1 dl/100 ml Wasser
200 g Dinkelvollkornmehl
200 g Dinkelweißmehl/Mehltype 405
1 TL Salz
50 g weiche Butter
1,6 dl/160 ml Wasser

Abbildung Seite 87

Dinkeltoastbrot

1
Die Hefe mit dem Honig und der Wasser verrühren.

2
Mehle in einer Schüssel mischen, eine Vertiefung formen. Die Hefeflüssigkeit in die Vertiefung gießen, einen Teelöffel Mehl unterrühren. Die Schüssel mit einem feuchten Tuch bedecken, den Vorteig an einem warmen Ort 15 Minuten gehen lassen.

3
Das Salz unter den Vorteig rühren, die weiche Butter und das Wasser zugeben, alles zusammenfügen. Den Teig auf der Arbeitsfläche 10 Minuten von Hand oder 5 Minuten in der Teigknetmaschine kneten. Der Teig muss weich und leicht feucht sein. Schüssel mit einem feuchten Tuch bedecken, den Teig an einem warmen Ort auf das doppelte Volumen aufgehen lassen.

4
Den Backofen auf 180 °C vorheizen.

5
Den Teig in die eingefettete Cakeform geben. Nochmals 10 Minuten gehen lassen.

6
Das Dinkeltoastbrot auf mittlerer Schiene in den Ofen schieben, bei 180 °C 50 Minuten backen. Das Brot aus der Form nehmen und nochmals 10 Minuten bei 180 °C backen.

für 10 Brioches

10 g Frischhefe
1 TL Honig
1 dl/100 ml Milch
300 g Dinkelvollkornmehl
½ TL Salz
1 EL flüssiger Honig
2 Freilandeier
150 g weiche Butter
Butter für die Förmchen
1 verquirltes Freilandei

Abbildung Seite 91

Brioches

1
Die Hefe mit dem Honig und der Milch verrühren.

2
Das Mehl in eine Schüssel geben und eine Vertiefung formen. Hefeflüssigkeit in die Vertiefung gießen, einen Teelöffel Mehl unterrühren. Die Schüssel mit einem feuchten Tuch bedecken, den Vorteig an einem warmen Ort 15 Minuten gehen lassen.

3
Das Salz unter den Vorteig rühren, Honig, Eier und weiche Butter zugeben, zusammenfügen. Den Teig mit einem Handrührgerät oder in der Teigknetmaschine 5 bis 8 Minuten kneten. Da der Teig sehr weich ist, sollte er nicht von Hand geknetet werden. Schüssel mit einem feuchten Tuch bedecken, Teig an einem warmen Ort auf das doppelte Volumen aufgehen lassen.

4
Die Förmchen mit Butter einfetten.

5
Den Teig zu einer Rolle drehen und in 10 größere und 10 kleinere, etwa haselnussgroße Portionen teilen. Die größeren Teigstücke zu einem Oval formen, die kleineren zu einer Kugel mit Hals. Das Oval in die Form legen und mit dem Zeigefinger ein Loch bohren. Die Kugel mit dem Hals kurz ins Wasser tauchen, in die Vertiefung stecken. Die Brioches nochmals 15 Minuten gehen lassen. Kurz vor dem Backen mit Ei einpinseln.

6
Den Backofen auf 220 °C vorheizen.

7
Die Brioches auf mittlerer Schiene in den Ofen schieben, bei 200 °C 20 Minuten backen.

Brotbackautomat
Typ/Programm: Zeitvorwahl, Normal/Brot, Rosinen

10 g Frischhefe
1 TL Honig
1 dl/100 ml Milch
400 g Weizenweißmehl/Mehltype 405
1 TL Salz
2½ EL flüssiger Honig
2 dl/200 ml Milch
100 g Rosinen
3 EL Rahm/Sahne

Süßes Rosinenbrot

1
Die Hefe mit dem Honig und der Milch verrühren.

2
Das Mehl in eine Schüssel geben und eine Vertiefung formen. Die Hefeflüssigkeit in die Vertiefung gießen, einen Teelöffel Mehl unterrühren. Die Schüssel mit einem feuchten Tuch bedecken, den Vorteig an einem warmen Ort 15 Minuten gehen lassen.

3
Das Salz unter den Vorteig rühren. Den Honig unter die Milch rühren und ebenfalls zum Vorteig geben, zusammenfügen. Teig auf der Arbeitsfläche 10 Minuten von Hand oder 5 Minuten in der Teigknetmaschine kneten. Der Teig soll eine feine Struktur bekommen. Die Rosinen in den Teig einarbeiten. Schüssel mit einem feuchten Tuch bedecken, den Teig an einem warmen Ort auf das doppelte Volumen aufgehen lassen. Weil der Teig relativ viel Honig enthält, braucht er zum Aufgehen mehr Zeit, etwa 2 Stunden.

4
Den Backofen auf 230 °C vorheizen.

5
Den Teig zu einer Kugel formen und diese etwas flach drücken. Nochmals 10 Minuten gehen lassen.

6
Für die Verzierung mit einem Glas in der Mitte der Kugel eine Vertiefung eindrücken. Mit einem Messer rund um den Ring 8 Einschnitte machen oder den Teig kreuzartig einschneiden.

7
Das Rosinenbrot auf mittlerer Schiene in den Ofen schieben, zuerst 10 Minuten bei 230 °C, dann 45 Minuten bei 180 °C backen. Das noch heiße Brot mit dem Rahm einpinseln.

hinten Brioches, Seite 89, **vorne** Rosinenbrot, nebenstehend

Register